なぜか惹かれる人の話し方100の習慣

藤本梨恵子
FUJIMOTO RIEKO

「会話の精髄とは、共感である」

ウィリアム・ヘイズリット

はじめに

もし、初対面でも、どんな人とでも会話が弾んだら？

もし、「もっと、あなたと話がしたい」と切望されるようになったら？

もし、自分が提案したことが、すぐに快諾されるようになったら？

あなたの人生は、どんな風に変化するのでしょうか？

コロンビア大学の研究では、出会ったばかりの背景の異なる人たちと、気軽に会話ができて絆を構築できる人は、そうでない人より独創性が3倍高く、ビジネスでも成功する確率が高いことがわかっています。

また、あるアンケート結果では、56・2％の人が「夫婦でもっと深い話をしたい」と答えています。

食事の話などの日常会話はできても、本当に話したいこと、心が満たされる会話ができていない人が多いのです。


これほどまで人間関係や人生を左右する会話について、私たちが学ぶ機会はほとんどありません。

私も、カウンセリングや心理学の勉強を始める前は、会話について考える機会さえありませんでした。

当時は、人間関係で悩むことも多く、自己流での交渉はうまくいかず、チャンスがあっても活かすことができませんでした。

ところが、心理学を学び、言葉の影響力を知った上で会話をすると、すべてが一変し、自然に人間関係やチャンスが広がっていくようになったのです。

講師業でも、最初は10人ほどの前で話すときですら手が震えていたのに、今では1000人ほどの前で話すときも、緊張せず、楽しみながら話すことができるようになりました。

この経験から、今では心理学講座や個別のカウンセリングなどでお会いした2万人以上の方に、心理学を活かした会話やプレゼンの方法をお伝えしています。

すると、

「人から好意を持たれ、相談されたり、誘われたりすることが増えた」
「お客様からもっと話を聞かせてほしいと言われることが増え、営業成績がアップした」
「家族のケンカが減り、会話が増えた」
「大勢の人の前でも緊張せず、堂々と話せるようになった」

など、多くの人が話し方ひとつで、ビジネスからプライベートまで、人間関係が激変したのです。

だから本書では、相手の心を掴む会話を、心理学をベースにして紹介します。

もしあなたが、会話が盛り上がらない、うまく気持ちを伝えられないなど、会話への苦手意識を持っているとしたら、それはあなたが悪いのではなく、これまで会話について学ぶ機会がなかっただけです。

多くの人が「できない」と思っていることは、やり方を知らないだけなのです。

私は本書を通じて、あなたが自分自身をもっと愛せるようになってほしいと願っています。

自分を愛することができれば、頭の中でポジティブなセルフトークができ、それが他人との会話にも伝染するからです。

自分を愛せない人は、真に他人を愛することも、愛や思いやりにあふれた言葉をかけることもできません。

出会いは会話から始まります。

だから、話し方を変えると、人やチャンス、お金や幸せでさえも、あなたに集まってきます。

つまり、話し方を変えることは、あなたの未来を変えることなのです。

藤本梨恵子

◎なぜか惹かれる人の話し方　100の習慣　もくじ

第1章　話し方の基本編

第2章 心地よい人間関係編

第3章 雑談編

第4章 仕事・プレゼン編

第5章 話す前の心得編

第6章 人を動かす話し方編

第7章 魅力的な話し方編

第 1 章

話し方の基本編

01

あらゆる人々の関心事はいつも「自分自身」

会話で大切なのは「誰しも最大の関心事は自分自身である」という原則を忘れないことです。地球の裏側で大事件が起こっても、自分の虫歯の痛みのほうが気になるのです。

次の例は、噛み合わない会話の典型です。

娘「やっと退院できたけど、手術痕が痛くて、夜も眠れないの」

母「私、昨日から小指にササクレができちゃって、痛くって……」

娘「……」

2人の症状で重症度が高いのは娘のほうです。しかし、母親にとっては自分のササクレのほうが、よほど関心が高いのです。

もし母親から「大丈夫？」のひと言があれば、娘も共感されたと感じ、会話が続いたはずです。人には、**他者から何かもらうとお返しをしたくなる「返報性の法則」**があるからです。

世界的ベストセラー『人を動かす』の著者デール・カーネギーも「相手はあなたに持つ興味の100倍自分のことに興味を持っている」と言っています。

自分の話ばかりする人は、相手にまずい料理を出しているようなものです。

ここで、勘違いする人は「どんな相手にも対応できる話題を集めなくては！」と情報通を目指します。これは、相手好みの料理を作るために大量の食材を冷蔵庫にストックするようなものです。いざ振る舞うと、相手の口に合わないことも多いのです。

会話も同じです。相手の関心事やよく話題にすることを覚えておき、それを話題にするだけでいいのです。すると、初対面でもムリせず話が広がります。

会食ではクセが強い「パクチー」「レバー」等は避けるように、敬遠されがちな「愚痴」「悪口」「自慢」は避けたほうが無難です。

次の3点を意識するだけで、相手が美味しいと感じる話題になる確率が上がります。

- **相手の関心事を話題にする**
- **愚痴や悪口を言わない**
- **自慢をしない**

あなたの話が美味しくなれば、相手は最後まで残さず聞いてくれるはずです。

話題は、相手好みの味つけで出す！

02 家庭料理のような会話を目指す

人は、どんな人にまた会いたいと思い、どんなときに買い物をするのでしょうか？

人は、「気分をよくしてくれる人」にまた会いたいと思い、「気分がいいとき」に買い物をします。

だから、ビジネスや恋愛がうまくいくためには、**あなたと会話する前より、した後のほうが相手の気分がよくなることが重要です。**

かと言って、感動的なスピーチは必要ありません。それは、料理でたとえるなら高級料理をマスターするようなものです。

それよりも、手軽に作れる家庭料理を習得したほうが、毎日、健康的な食事ができます。

会話で言えば、手軽に、相手の気分がよくなる会話です。

コーチング等のプロが使う「積極的傾聴」の次の3つを意識することが大切です。

①相手の価値観を尊重し、自分の価値観を押しつけない（受容＋共感）
②相手の関心事に関心を払う（傾聴＋質問）
③相手を承認する（ほ・ね・み＝褒める・労う・認める）

③の承認については、コーチングでは「会った瞬間から相手の良いところを7つぐらい見つけましょう」といわれます。

長所を見つけようと意識することで「笑顔が素敵」「優しい人だな」などと相手の長所を発見することができるのです。

長所を見つけて相手を承認すると、会話が弾み、信頼関係も深まります。

お客様「最近、忙しくて寝不足が続いていて……」
営業「お忙しいのですね。寝不足でお身体大丈夫ですか？」（関心＋労い）
お客様「ありがとうございます。昼休みに仮眠をとって、なんとか凌いでます」
営業「仕事はできる方に集中するので、無理しないでくださいね」（長所＋労い）
お客様「いえいえ、要領が悪いだけです（笑）」

というように、会話の中で、相手が〝頑張っている点はないか〟〝長所が発揮されているところがないか〟〝わかってもらいたい気持ちは何か〟を意識しながら質問し、承認すれば、相手はあなたのことを「自分を理解してくれる人だ」と感じます。

会話する前より相手の気分がよくなる会話をしよう！

03

服装で好印象を与える

好印象を与えられるかどうかは、実は話す前から決まっています。

私は婚活セミナーの講師も担当していましたが、モテない人は、相手と話す機会さえあれば恋愛につながると思っています。

しかし、穴だらけのバケツで水を汲んでも徒労に終わるように、服装を整えずに出会いの場に出かけても、恋は実りません。

「ありのままの自分を見てほしい」という声をよく聞きますが、外見で門前払いをくらってしまうこともあります。

性格という内面はわかりづらいのです。見た目で服装が古い、ダサイ、サイズが合っていないといったことはすぐにわかり、好感を持ってもらえません。

外見を整えていないと、話を聞いてもらうことさえ難しいのです。

でも、性格を変えるのは難しくても、服装は今すぐ変えられます。

アメリカのプリンストン大学の研究では、服装が貧相に見える人より、裕福に見える人のほうが「能力が高く見える」「優秀に見える」という結果が出ています。

つまり、**話し出す前から、外見で話の信憑性が変わるのです。**

猫寺として知られる福井の御誕生寺の住職で、曹洞宗管長も務めた高僧、故板橋興宗氏の座禅会に参加した際、「お坊さんは丸坊主で袈裟でお経を詠むから、みなさん、ありがたがってくださるのです」とおっしゃっていました。

仏教では放っておくと生えてくる髪の毛は、いくらでも生まれる煩悩の象徴であり、頭を丸めることは煩悩を手放し、悟りを開くための第一歩とされます。

その僧侶としての在り方を剃髪から自然と感じ取るからこそ、私たちはありがたく思うのではないでしょうか？

ビジネスの集まりであれば、スーツで参加するほうが信頼されます。

相手や場所に合わせた服装選びは、相手に対して服装で敬意を払うことなのです。

服装で敬意を払う！

04

仕草に本音が表れる

「一挙手一投足」「手も足も出ない」など、手足に関する表現が多いのは、仕草が様々なメッセージを相手に伝えているからです。

次の3つは、話すときに避けたい仕草です。

①両腕や足を組む

身体を守る防御の姿勢です。知らない人ばかりの集まりに参加したときに、手足を組んだ経験はありませんか？

居心地が悪いと、私たちは心を閉じます。閉じた心がそのまま手足に表れるのです。

苦手な相手の前や、話の内容に納得がいかないときにもこのポーズをとります。

話の途中で相手が腕組みや足組みを始めたら、「何か気になる点がありましたか？」と相手に注意を払ったほうが無難です。

②後ろで手を組む

刑務官やガードマンがする監視のポーズです。近づくなというメッセージを発し、**威圧感があり偉そうに見える**ので、この姿勢で話すのはＮＧです。

③なだめ行動をする

行動心理学では、不安や緊張、後ろめたさなどストレスを感じたとき、無意識に自分をなだめようとする仕草のことを「なだめ行動」といいます。

核心を突いた質問をされた際などに、額や首、髪の毛に触れる。ボールペンやネクタイ、アクセサリーなどを触る。ポケットに手を入れるなどです。

人は言葉では嘘をつくことができても、仕草には本音が出てしまうものです。逆に言えば、相手に好感を抱いてもらえる仕草をとることもできるということです。

- **前のめりになる**…話に興味がある、相手に親近感を持っていることを表す。
- **腕まくりをする**…意欲的になっている、集中モードに入ったことを表す。
- **上着を脱ぐ**…リラックスして、心を開いていることを表す。

緊張しているときは、深呼吸してリラックスすることで手足の緊張を解きましょう。

また、相手の仕草から緊張を察したら、「緊張しますよね」などとほっとさせるひと言を伝えることも大切です。

想いを姿勢で表す！

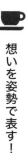

05 笑顔の花束をプレゼントする

人に会うとき、あなたの笑顔はいつからスタンバイされていますか？

挨拶を交わす瞬間に笑顔になるのでは遅いのです。犬が愛されるのは、玄関のドアを開けた途端に尻尾を振って駆け寄り、飼い主に多大な関心を寄せるからです。

だから、**遠目に相手を捉えた時点で「会えてうれしい気持ち」が駆け出していくように笑顔で迎える人は好かれ、会話も弾みます。**相手に関心を寄せていると伝わるからです。

オランダのアムステルダム大学のアニーク・ヴルート博士が行った実験では、見知らぬ人に声をかけるとき、無表情で近づくと、相手は64・7％の人が無表情で返し、こちらが笑顔で近づくと64・9％の人が笑顔を返しました。

このように**笑顔には、相手の笑顔を引き出す効果があります。これを「表情の返報性」といいます。**

初対面は誰でも緊張します。**目を合わせて笑顔で相手を迎えることは、相手に安心感という花束を渡すこと**なのです。

会ったときだけでなく、会話の最中、別れ際も笑顔の花を咲かせましょう。たとえ緊張からでも、仏頂面の人は相手に「機嫌悪いのかな？」「まずいこと言っちゃった？」と不安を与えます。

ペンシルベニア州立大学の研究では、笑顔は他者に好感を与え、親切に見えるだけでなく、能力が高そうに映るという結果も出ています。だから、トップセールスはいつも笑顔を絶やしません。

ユーモアがあり笑顔での会話が多い職場ほど、窮地に陥ったときに立ち直ることができるレジリエンス力が高いことも研究からわかっています。**笑顔は余裕の表れ**だからです。笑顔は脳からエンドルフィンを分泌させ、鎮痛作用や多幸感をもたらします。

喜劇王チャールズ・チャップリンは、「無駄な一日とは、笑いのない一日である」と言いました。子どもは1日４００回笑うのに対し、大人は15回程度。だから、子どものほうが幸福感が高いのです。

会話において、笑顔を得意技にし、相手に関心を向ければ、人間関係も健康状態もよくなります。まさに鬼に金棒です。

笑顔を十八番にしよう！

06

相手の香りをまとう

あなたが「この人とは、なんか合うかも」と安心感や信頼感を抱くのはどんな人ですか？

人には、**自分と似た人に安心感や信頼感を感じる「類似性の法則」**があります。

太古の昔、人間は知らない獣や部族と出くわすと、襲われる危険がありました。自分に似ていない人は危険、似ている人は安全と感じるのは本能的な感覚なのです。

だからこそ、**会話の中で「私とあなたは、似ていますよ」と〝考えさせる〟のではなく、〝感じさせる〟無意識領域のペーシング（同調行動）が不可欠なのです。**

無意識領域には、呼吸やジェスチャーがあります。相手の表情や仕草などを鏡のように合わせることは「ミラーリング」と呼ばれています。短時間で安心感や信頼感を与えることができ、まるで以前からの知り合いのように感じてもらえます。

笑うときに大きく手を叩いて大声で笑う人や、説明するときに身振り手振りがつくオーバーリアクションの人には、こちらもジェスチャーを大きくして会話をしたほうが〝あなたと私は似ています〟と伝えることができます。

反対に、物静かに話す人に軽快に話すと「うるさく、落ち着きがない人だ」と思われやすいので、こちらも声やジェスチャーは控えめにして話すのが得策です。
丁寧な敬語で話す人は、フランクな話し方の人を「品がない、無礼な人だ」と感じ、フランクな話し方の人は丁寧な敬語の人を「バカ丁寧で、堅苦しい」と感じることがあります。ビジネスで専門用語を多用する相手には、こちらもしっかり専門用語で話をしたほうが理解も進みます。

ペーシング（同調行動）は、１００％真似ると不自然で気持ち悪いと相手に感じさせてしまうので、７割程度で自然に真似れば十分です。

完全に模倣せず、部分的に模倣することを「クロスオーバーミラーリング」といいます。たとえば、相手が足を組んでいたら、自分は机の上で手を重ねる。同じでなく、似ている状態になるように工夫すればいいのです。そうすれば、相手に怪しまれることなく自然に心理的距離を縮めることができます。

初対面でも旧知の仲のように感じてもらうためには、まず目に見える、表情、仕草、服装、話し方を自然に相手に合わせることで、目に見えない心が合ってきます。まずは相手の香り＝雰囲気をあなたがまとうことが大切です。

相手の雰囲気に合わせよう！

07 相手の命のリズムに合わせる

仲のいい間柄のことを「息が合っている」といいますよね。

ラポール（信頼関係）を構築するペーシング（同調行動）は、意識より無意識的な部分を合わせるほうが効果的です。その中でも一番重要なのは、呼吸です。

機会があればぜひ実験してほしいのですが、仲のいい人の前であなたがコーヒーを飲むと、同時か少し遅れて相手もカップに口をつけるはずです。

これは、息を吸い込むタイミングが同じだからです。仲のいい人とは自然に息が合っているのです。

なかなか寝ない赤ちゃんも、抱っこして呼吸を合わせると安心感が生まれ、あっという間に寝てしまいます。これは保育士さんの間では「スースーネンネ」と呼ばれ、お昼寝の時間に使われるプロの技です。

反対に、赤ちゃんにイライラしながら背中をトントンしても、なかなか寝てくれません。お互いの呼吸が合っておらず、ディスペーシング（反同調行動）になるからです。

呼吸は話すリズムに現れます。早口の人は呼吸が浅くてスピードが速く、呼吸がゆっくりな人は話すスピードもゆっくりです。

相手の話すスピードに合わせるとラポール（信頼関係）が生まれ、自分の話や意見を相手が理解し、受け入れてもらえる確率がアップします。

呼吸が止まると人は死んでしまうので、**呼吸は人の最も深い部分の欲求である生存欲求に直結しています。そのため、相手の呼吸＝話すスピードに合わせると、より深い安心感が生まれます。呼吸は相手の命のリズムなのです。**

早口の人はゆっくり話す人にイライラしがちです。逆にゆっくり話す人は、早口な人に対して落ち着きがなく感じ、何を話しているのか聞き取れないことがあります。

人から愛される人は、相手の命のリズムに合わせて話します。

私たちは気の合う相手とは自然に呼吸のペースが合っていますが、卓越したコミュニケーションができる人は、仲のいい相手だけではなくどんな人にも呼吸を合わせ、意識的に信頼関係を築いているのです。

相手の呼吸を感じるためには、まず心の矢印を相手に向けておくことが大切です。

相手の話すスピードに合わせよう！

08

心地よい距離感で話す

近所の家の番犬に急に吠えられて驚いたことはありませんか？　犬は、自分の縄張りに急に踏み込まれたから吠えたのです。

同様に、人にも他人が侵入すると不快に感じるパーソナルスペースという心理的縄張りがあり、警戒されずに話すためには、相手の心理的縄張りを意識することが重要です。

パーソナルスペースは次の４つに定義されます。

①公衆距離：教室やホールなど複数の相手が見渡せる距離。相手に個人を感じさせない距離。講演会や街頭演説など、話し手が一方的に話すシチュエーションが多いので、ワンセンテンスを短く、ジェスチャーは大きくわかりやすく話す必要があります。

②社会距離：相手に手は届かないが会話が容易にできる距離。机を挟んで会議や商談をするようなビジネス上の会話に適した距離。

③個人距離：お互いの表情が読み取れる、手を伸ばせば触れられる距離。友人など親しい間柄なら不快に感じない距離。

④密接距離：相手と密着もできる至近距離。家族や恋人などはよくても、近しい関係でない人が入り込むと不快に感じる距離。

満員電車が不快なのは、至近距離に見知らぬ相手がいるからです。電車で新聞を読んだりスマホを見たりするのは「儀礼的無関心」といって、相手の存在は認識しても凝視せず、敵意がないことを示す行為です。周りに、自分は無害だとアピールしているのです。

この4つの距離を理解した上で、相手を不快にさせないように会話をします。

物理的な距離は心理的な距離に影響を与えます。初対面では椅子も適度な距離を保ち、打ち解けた頃に椅子を少し引いて相手と距離を近づけるなどの工夫が必要です。

ビジネスではお客様に「こちらをご覧いただけますか？」と机の上に資料を並べて説明すると、お互いの距離が縮まり、商談がスムーズに運びます。

プレゼンの場合、演台の前に立ち続けるより、時折、聴衆に近づいてアイコンタクトをしつつ話したほうが、心理的な距離が縮まって会場と一体感が生まれます。

話上手な人は、自然に物理的な距離を使い分け、心理的な距離を縮めているのです。

09

心を掴むポジショニング

社交ダンスの大会で勝つためには、曲が始まる前からダンスホールの中で審査員に踊りをしっかり見てもらえる位置に陣取ることが有効です。

会話も、相手から本音を引き出して親しくなるためには、相手との位置関係（ポジショニング）が重要です。

真正面に座ることをコーチングでは「対決姿勢」と呼びます。この姿勢は、緊張感が生まれやすく、意見の一致が難しいポジショニングです。

なぜなら、**反対の景色を見ていると、意見を一致させるのは難しいからです。いつも外側（＝物理的なもの）は内側（＝心理的なもの）に影響を与えているのです。**

真正面の位置は、日頃からライバル関係にあるような仲の人や、反抗的な部下を前に話をすると反論されやすい位置です。

そのため、反対意見を防ぎたいときは正面に座るのは避けたほうが無難です。上司が部下に決意表明させる場合は緊張感があっていいのですが、本音を引き出すのには適していません。

一方、仲のいい人同士がドライブしたり、カウンターでお酒を酌み交わすときは隣に座ります。これは「ベンチシート」や「情の姿勢」と呼ばれます。脳の仕組みからも視界に映るものが同じになり、意見が一致しやすくなります。身体の距離も近くなるので、相手が嫌々座ったのでなければ親密度もアップします。

しかし、初対面では距離が近すぎて気恥ずかしさを感じるため、Ｌ字型＝カタカナのハの字で座ります。病院の診察室で医師と患者が座る位置関係であり、カウンセリングでも用いる、リラックスできるポジショニングです。本音を引き出すならこのポジションがおすすめです。

また、複数人で一体感を持たせ、和気あいあいとした雰囲気で過ごしたいときは円卓。逆に、リーダーがみんなを引っ張っていきたいときは、長方形の机の短い辺、俗にいうお誕生日席に座るのが効果的です。リーダーがグループ全体を見渡せ、自分のペースで話し合いを進行でき、結論をまとめやすくなります。時間がない会議では、この席で進行すると話が進みやすくなります。

人間関係がうまくいく人は、このようなポジションにも敏感な人です。

座る位置で望む関係性をつくる！

10 説得力は声のボリュームで決まる

「はぁ？」「何？」と聞き返されて、「悪いことを言ったかな？」と思うのは、たいてい勘違いです。ただ声が小さかっただけです。

人は、何のためにコミュニケーションをとるのでしょうか？

それは、言葉で情報をやり取りするためです。だから、その情報が聞こえないのは困ります。**相手が「何？」と聞き返すのは、あなたが話す情報を知りたいからです。**

特に日本語は、「〇〇です」「〇〇ではありません」のように、**語尾によって意味が正反対になります。だから、語尾をはっきり伝える必要があります。**

Aさんは「仕事で、人からよく聞き返されます。それが嫌で、お客様への連絡は電話でなくメールで、同僚への伝言は、相手が席を立ったときにメモを置きます。声が小さいのも個性だと思うのですが……」と言います。

ビジネスでは、特に情報を正確に伝える必要があります。何度も聞き直すのは時間がかかり、相手の負担になります。Aさん自身にとっても、話さずにメールやメモを書くのはタイムパフォーマンスがよくありません。

採用面接でも会議でも、**声が小さいと自信や説得力がないと相手に感じさせます。**その結果、自分や自分の案が採用されずに損をします。

会話には相手が存在します。思いやりを持って、相手が聞こえる声のボリュームで話すことが大切です。そのほうが、自分もストレスが溜まりません。

ボイストレーナーの友人は、「私、声が小さいんです」と悩む人で、本当に小さな声しか出ない人は1000人に1人もいないと言います。誰もが驚いたときには「わぁ！」と大きな声を出します。

声のボリュームを意識すれば、誰だって相手に聞きやすい大きさの声で話すことができるのです。

相手の後頭部、よく背後霊がいるといわれる位置に向かって話しかけるだけで、声は自然と大きくなります。ただ、背後霊に向かって話すのは怪しいので、背後に声を届けるような意識で、相手の目を見て話すのがポイントです。

後頭部に向かって声を放つ！

11 すべて話そうとすると失敗する

話が長い人は敬遠されます。話が長くなるのは、「すべて伝えなくてはならない」と思っているからです。たとえば、言いたいこと＝主訴が「シャツの袖を破いてしまった」だとしたら、話が長い人は「今日は7時に起きて……」と1日の始まりから話します。

しかし、余分な説明が増えるほど、一番言いたいことの印象は薄れ、「結局、何が言いたいの？」と相手を疲れさせます。あれもこれも言おうとするから失敗するのです。

不要な部分は削り、一番言いたいことだけに絞ることが重要です。その上で、長く話してしまう心理状態についても考えてみましょう。

・自分や話の内容に自信がない

自信のなさを、話す量を増やすことで補おうとします。

・沈黙が怖い

沈黙のメリットを理解しておらず、不安な気持ちから話し続けるパターンです。

・相手の注意を引きたい

人は無意識に時間＝愛情だと感じます。子どもは特にその傾向が強く、親の注意が自分に向けられないといたずらをしたり、駄々をこねたりします。大人でも無意識に相手の関心を引くために話し続けることがあります。わかりきった質問をするのも、時間を割いて自分に愛情や関心を払うかどうかを無意識に確認するお試し行動です。でも、忙しい現代においては、時間＝愛情を奪い取る人は敬遠されます。愛は与えるものだからです。

簡潔に話すためには、次の3点を意識することが重要です。

①結論から話す…話し始める前に、一番伝えたいことをひと言にまとめてから話し始める。一番伝えたいことを決めるのは舞台の主役を決めるのと同じです。

②ワンセンテンスを短く…話が長い人は「○○は、○○なので、」と読点（、）で話し続けます。「結論は○○です。理由は○○です。」と句点（。）で短く区切りましょう。

③フィラーを連発しない…考えながら話すと「え～」「あの～」などのフィラーが増え、耳障りになります。事前に話す内容＝主役を決めましょう。普段の会話でも「これ、それ、あれ、どれ」などの〝こそあど言葉〟で済ませず、頭に浮かんだことを言葉にする練習をしておくことも大切です。

普段から主訴を意識して句点で端的に話し、「え～」が悪目立ちしない会話をしましょう。

話の主役を決める！

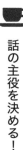

12 結論ファーストで話す

「結論から話して!」と言われたことはありませんか?

家族に「今日は夕飯いる?」と聞かれたときは「いらない」などと結論から話している のに、上司に「昨日の商談はどうなった?」などと聞かれると「先方が近々イベントを企画されていて……」というように、結論から話せない人は多いものです。「相手に何か言われるのでは?」と不安や後ろめたさがあり、言い訳や補足を入れてしまうのが原因です。

会話でも道案内でも、相手を待たせないこと、迷わせないことが重要です。

人は、待ち時間が長いとイライラします。だからこそ、ダラダラと話さず結論から話し、必要な情報をすぐ相手に提供して待たせないことが重要です。

また、道案内でも、行き先もわからずに相手に同行するのは不安です。「会議室にご案内いたします」などと言われて行き先がわかると、安心してついて行くことができます。

同様に、**話をする際も結論=ゴールを最初に伝えることが大切です。結論とは、相手が一番知りたいことです。**

上司「昨日の商談はどうなった?」

部下「結論としては、200個の発注をいただきました。近々イベントを企画しているので必要ということでした。今、工場に納期を確認中です」

このように結論ファーストで話せば、相手は必要な情報をすぐ知ることができ、安心します。相手に相談したいことがある場合は、「○月○日に先方に同行をお願いできますか？」などと何をしてほしいのかを明確にして伝えましょう。

結論から話すためには、次の2点が効果的です。

①「結論から言うと……」を枕詞にして話す

この口癖を身につければ、常に結論を考えざるを得ません。まず結論を考える習慣をつけることが大切です。

②相手の話を要約する

普段の会話で「つまり、○○ということでしょうか？」と相手の話をひと言にまとめる要約の練習をすると、瞬時に話の結論がわかります。初めて聞く相手の話が要約できれば、自分の話は容易に要約でき、自然に結論から話せるようになります。

相手が一番知りたいことから話す！

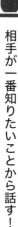

13 緊張状態をゾーンに変える

「肝心なところで噛むんです……」「滑舌が悪くて」と悩む人がいます。

これは、速く話しすぎていることが原因です。緊張や興奮から早口になってしまうのです。

急に走り出すと、足が絡まって転んでしまいます。話すときも同じです。ゆっくり話す。間をあけて話すことを意識すれば、改善されます。

また、自信のなさから俯きがちで姿勢が悪くなったり、笑顔が消え、口も大きく開けないために滑舌が悪くなることもあります。

人は不安や緊張を感じると、交感神経を高めるアドレナリンが分泌されすぎて、心臓がドキドキし、汗をかき、呼吸が浅くなり、うまく声が出せなくなります。

森で熊に出会ったら、全力で戦うか逃げるかしかありません。アドレナリンはそういった場面で外敵から身を守るために、体を臨戦状態にして筋肉への血流を増やし、運動機能を最大限に高めるホルモンです。

しかし、プレゼンや会話では、アガりすぎると言いたいことがうまく伝わりません。

全集中はいい呼吸でつくる!

そこで役立つのが、自律神経機能の中で唯一コントロールできる**呼吸**です。

適度なアドレナリンは集中力を上げ、パフォーマンスを上げますが、出すぎると血流は増加しても末端の血管は収縮したままで、体がガチガチになります。

緊張したら、まず息を吐きましょう。すると息が吸い込みやすくなります。

次に、3秒息を吸ったら、その倍の6秒の時間をかけて吐くように呼吸をします。するとだんだんと落ち着いてきて、楽に話せるようになります。

また、水をまくときにホースを真っすぐ伸ばすように、背すじを伸ばすと息の通りもよくなり、発声しやすくなります。

「どう思われているんだろう?」と相手の評価ばかり気にしていると、ますます緊張します。そうではなく、**「この説明で伝わったかな?」「わかりやすいだろうか?」と心の矢印を自分ではなく相手に向けることで、過剰な緊張を避けられます。**

心の矢印を相手に向けてゆっくりと呼吸すれば、集中力が極限まで高まり、感覚が研ぎ澄まされた（＝ゾーンに入った）状態で会話ができます。

14 沈黙を歓迎する

「沈黙が気まずい……」と思ったことはありませんか？

つい話しすぎてしまう人や、雑談が苦手だという人は、沈黙を恐れています。

特に、幼い頃から家族の不機嫌を敏感にキャッチして、雰囲気をよくしようと振る舞ってきた人は「なんとかしなくては」と沈黙を破ろうとして、空回りします。

不安を動機に行動しても、よい結果は生まれません。

沈黙はダメなものというのは、誤った思い込みです。ある研究では、デートで会話に失敗するのは、会話をリードしようとする、沈黙を極度に恐れることが原因だということがわかっています。沈黙を恐れ「何か話さなくては……」と脅迫観念に駆られると、視野が狭くなり、相手の反応なんてお構いなしに質問したり話したりしてしまうのです。

沈黙は、会話の中で必ず訪れるものです。食事と同じです。**話の内容を咀嚼し、味わう必要があるからです。**「間」がないことは「間抜け」と表現されることがあります。**あなたの話や質問について、相手が考える「間」を与えましょう。**

次の質問に、あなたはどう答えますか？

A「昨日の夕飯は何を食べましたか？」

B「あなたの人生で最も大切にしているものはなんですか？」

Aの質問は即答できても、Bの質問は考えるために少し沈黙しませんか？

本質的で重要な質問には、考える時間が必要です。沈黙は深く海に潜るように、心の深い部分に答えを探しに行く大切な時間なのです。矢継ぎ早に話す必要はありません。

もちろん、質問の意味がわからない場合や、気分を害したときも沈黙が生まれます。その場合は、相手の表情が険しくなる、反応が薄くなるなど表情や態度に表れるので、謝る、話題を変えるなどの対処が必要です。

メンタリストのDaiGoさんは、意図的に沈黙をつくる「サイレント・フォーカス」を使って浮気を見破る方法を紹介しています。3秒ほど沈黙しながら相手を見つめ「浮気するなら、私にバレないようにしてね」とプレッシャーをかけると、もし浮気していた場合、相手は動揺を隠せないとのこと。

また、強調したい言葉の前に沈黙をつくることで、相手を惹きつけることもできます。

沈黙は恐れるものではなく、あなたの頼もしい味方なのです。


沈黙の行方を見守る！

15 会話のたかり屋にならない

自分ばかり話して、相手が話し始めるとつまらなそうにしたり、リアクションが薄くなったり、すぐに自分の話をねじ込んだりする人がいますが、これでは相手はうんざりします。

「わかってほしい」「関心を向けてほしい」と自分への承認欲求でいっぱいだからです。

心の中が「自分」でいっぱいな人は、相手への「愛」が空っぽです。

「次にどうやって割り込むか？」と奪い取ることは搾取です。愛が与えることなら、搾取は正反対の行為なのです。

人は常に仕草や表情などで「ソーシャル・キュー＝社会的合図」といわれるサインを発信しています。常に相手に心の矢印を向けている人は、このサインを見逃しません。

「笑顔で頷いてくれているけど、顔がちょっと疲れているかも？」

「チラッと時計や携帯を見たから、次の予定があるのでは？」

と相手の表情や態度から気持ちを察して「お時間大丈夫ですか？」と声をかけたり、話を切り上げることができます。

しかし、このサインを見落とす人は、話が長くなります。

人は話しているとき、脳から快楽ホルモンのドーパミンが分泌されます。だから興奮状態に陥り、相手のサインを読み取れずに話し続けてしまうのです。

そこで覚えておきたいのが、「信号機の法則」です。

「信号機の法則」とは、聞き手は時間の経過とともに興味を失うため、30秒以内に話し終えて会話を相手にバトンタッチすることです。時間の目安は、**「青（30秒）：集中できる　黄（1分）：注意散漫になる　赤（1分以上）：興味を失う」**です。

話を聞いてほしいときは、「ちょっと聞いてもらえる？」などと断ってから話す。30秒話したら、次は相手に質問したり、フィードバックをもらうことが大切です。

食事を奢ってもらったら、「ありがとう。今度は私がご馳走するね！」と言うのと同じです。

一方的に喋り続けると、相手の興味は消え失せてしまいます。

呼吸では息を吐いたら吸うように、自分が話したら相手の話を聞き、自分が話す量が多くならないようにコントロールする優しさが肝心です。

会話は呼吸。話したら聞く！

第2章

心地よい人間関係編

16 「しんどい」がラクになる話し方

相手も自分も尊重するアサーティブな会話方法の1つに、「Iメッセージ」があります。自分を主語にした話し方です。

反対に、相手を主語に話すことを「Ｙｏｕメッセージ」といいます。

Ｙｏｕメッセージは相手を批判しているように聞こえますが、Iメッセージは自分の気持ちを伝えているだけにとどめることができます。

それぞれ、次のようなイメージです。

Ｙｏｕメッセージ：「（あなた）大きな声出さないで！」

Iメッセージ：「（私は）大きな声で話されると怖くなるので、冷静に話してもらえる？」

Ｙｏｕメッセージ：「（あなた）メモをとってください！」

Iメッセージ：「（私は）メモを取ってもらえると安心して話せるので、メモをとってもらえますか？」

たとえば、帰宅が遅れた家族に、「帰りが遅くなるときは連絡ぐらいしなさいよ！」とＹＯＵメッセージで攻撃的に言っても、相手から反省を引き出すことは難しいですよね。

おそらく、お互いに不機嫌になって終わりです。

そこで、協力が欲しいときに事前に知らせる「予防のIメッセージ」が有効です。

「私はあなたの帰りが遅くなると、何かあったんじゃないかと心配になるの。だから遅くなりそうなときは連絡もらえるかな？」

と事前に伝えておけば、相手も協力しようという気持ちになります。

また、自分の怒りに触れるような行動については、雑談の中で、

「私、遅刻する人が苦手で……、相手の時間を奪っていることを考えられていない。つまり、私のこと大切にしてくれてないって思っちゃうから」

と伝えておくと、空気が読める人は、言われなくても注意するようなります。

不機嫌になったり喧嘩になったりするのは、お互いにしんどいものです。

だからこそ、言いたいことはIメッセージを使って、相手も自分も不快にならないように伝えることが大切です。

Iメッセージで伝えよう！

17 悩みごとに感想を言わない

相手の地雷を踏みやすいのは、相手が悩んでいるときや、元気がないときのひと言です。

ご主人を亡くした女性「毎日、悲しくて泣いてご飯も食べられないの……」

友人「でも、元気出して、無理してでもご飯は食べなきゃ！（自分の意見）」

ご主人を亡くされた女性は「自分が同じ立場だったらどう思うのかな？　そんなことを言うくらいなら一緒に泣いてくれたほうがよほど救われる……」と言いました。

励ましたつもりが、目の前の人の悲しみに寄り添えていなかったのです。

人は、「気にするな」「元気出して」などと正論で励まされるより、痛みに寄り添ってもらえたほうが癒やされます。

この場合、「悲しいよね。ご飯も食べられていないんだね……」と共感すれば、相手は気持ちを受け止めてもらえたと感じ、安心します。

他にも、よかれと思って言ったことがひんしゅくを買うケースもあります。

母親「子どもが不登校で、家で暴れて、壁に穴を開けたりして……」

友人「そんな状態はひどい！　私なら気が狂ってるわ！（自分の感想）」

これは、共感したつもりで「私の置かれている状態ってそんなにひどい？」と相手の感情を煽り、不安にする不用意なひと言です。「不登校で、暴れるんだね」と相手の言葉を繰り返すと、変に不安を煽ることもなく、相手も本音を話しやすくなります。

私「抗がん剤治療は治療費が1ヶ月10万円くらいかかるみたいで……」

知人「え、高っ！（自分の感想）」

友人は悪気なく金額だけを聞いて高いと言っただけですが、癌患者にとっては治療費＝命の値段です。では、私は1ヶ月いくらの治療費なら生きていいのだろうと感じました。

これも「治療費がかかるんだね」と繰り返すだけでよかったのです。

どの会話も悪気はないのですが、悩んでいる相手に対して自分の意見や感想を反射的に発することで、相手を傷つけています。

センシティブになっている人には、意見や感想ではなく、相手の言葉を繰り返すのが一番です。常に現在進行形で相手に寄り添うことが大切です。

相手の言葉で寄り添おう！

18 読心術の使い方

あなたが家電量販店で「どの空気清浄機を選べばいいだろう」と顎に手を当てながら迷っているときに、こんな風に言われたらどう思いますか？

店員「これだけ数が多いと、どれにするか悩みますよね？」

「よくぞ、わかってくれました！」という気持ちになりませんか？

実は、このように憶測で相手の心が読めているかのように話すことを、ＮＬＰ心理学では**「読心術（マインドリーディング）」**といいます。

相手の気持ちにピタリと合った言葉を伝えられれば、「この人は私のことをよくわかってくれている！」と一気に心理的距離が近づきます。

もちろん、相手の言いたいことを汲み取れずに見当違いの言葉をかければ、不信感につながります。だから、相手をよくキャリブレーション＝観察することが重要です。

これは、催眠療法のカリスマ、ミルトン・エリクソンが治療に用いた手法です。

「あなたは、少し神経質になっているようですが、この治療に興味を持ち始めたのかもしれません」と外見を観察し、自分の解釈を伝え、クライエントに注意を向けていることを伝えます。「～かもしれません」「～でしょう」という言い回しで相手の気持ちを読み取り、同調することで、ラポール（信頼関係）を構築します。

しかし、この読心術も言い方次第です。

妻「学生時代は30回ぐらいできた腕立て伏せ、昨日やったら1回もできなかったの！」

夫「だろうね。できるわけないよ。わかりきってるだろ？」

妻「……」

この夫の言い方は、「言われなくてもお見通しです」という上から目線な印象を相手に与えます。妻は共感してもらえず、嫌な気持ちになったのです。

自分に心の矢印が向いているとき、相手に影響力を与えることはできません。

もし、夫がこのとき、妻に共感して「できると思ってやったのにできないと、驚くよね」などと言っていたら、妻も「そうなのよ！」と会話が弾んだでしょう。

読心術は相手に対する尊敬や思いやりがなければ機能しないのです。

読心術は共感がすべて！

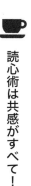

19 自慢話の処方箋

「あの人は自慢話ばかりで聞いていると疲れる……」という話をよく耳にします。

なぜ人は、他人の自慢話を聞くのが苦手なのでしょうか？

狩猟採集時代、集団で狩りをするには上下関係による統率が必要でした。上位の者が命令し、下位の者が従うのです。狩りでも軍隊でも、階級が下であるほど危険で取り分が少ない損な役割が回ってきます。だから、人は生き残るために上を目指そうとします。

自慢話は、「私はあなたより優れています」と話すようなものです。 だから、聞かされる側は無意識に「自分が劣っている」と感じ、居心地が悪くなるのです。上位のほうが生き残るという本能があるからです。

「君って要領悪いね！　僕なら5分で終わるよ」とマウントをとる（＝自慢話をして相手を見下す）人は、実は自分が底辺になるのを恐れるあまり、誰かを見下して安心したいのです。

自慢の仕方には次のようなものがあります。

・ハブリス：他人と比較する自慢「あいつはダメだったけど俺が話したら契約できたよ」

・ハンブルブラッキング：謙虚を装った自慢「全然勉強していないのに試験に受かっちゃった」
・ネームドロッピング：有名人や権力者の名前を持ち出す自慢「私、社長と仲が良くて」

世界的ベストセラー『人を動かす』の著者デール・カーネギーも「人は、友達同士でも、相手の自慢話を聞くより、自分の手柄話を聞かせたいものだ」と言っています。

いい関係を築きたければ、相手の自慢話を聞くほうが賢明です。

どうしても自慢をしたいときは、それが笑い話になるように話をすることです。そして、他者と比べないことです。

交流分析では、ＦＣ（フリー・チャイルド）という自由闊達な幼児性を高めて自慢すれば愛されるといわれています。

たとえば、関西の人がよくやる自慢で「なー、なー。ちょっと聞いてくれへん？　この鞄めっちゃ安かってん！　見つけた私、天才ちゃう？」などと、笑顔でテンション高めに話されると、相手は思わず「かわいい人だな」と笑ってしまいます。これなら自慢で相手を疲れさせることはありません。

武勇伝は笑いをとる！

20 相手の自尊心を満たす

「人が失敗する原因は1つしかない。それは、本当の自分に対する信頼の欠如である」とアメリカ最大の心理学者と称されるウィリアム・ジェームズは言いました。

私たちが目標を達成し、良好な人間関係を築くためには、自分を大切にして信頼する心＝自尊心が不可欠です。

自尊心を満たす要素として、アメリカの心理学者ウィル・シュッツ博士は「自尊心の3大欲求」に①自己重要感　②自己有能感　③自己好感の3つの欲求があると提唱しました。

①自己重要感…自分を大切な存在として認めてほしいという欲求

②自己有能感…正しい意思決定と適切な行動を起こせる自分でありたいという欲求

③自己好感…人から好かれたいという欲求

・自己重要感を満たす言葉や態度

部下や同僚に「ありがとう。商談成立は君の協力のおかげだよ」と言う。

子どもを親が笑顔で出迎えたり、友達と喧嘩して帰ってきたときには「大丈夫？」と声をかける。子どもは「自分はここにいてもいい大切な存在なのだ」と感じます。

反対に、「それぐらいで泣くな」と感情を軽視したり、年齢に相応しくない要求をする（子どもに皿洗いを忘れるなと言ったり、赤ちゃんの面倒を見させる）などを繰り返すと、「自分は親から愛されていない」と感じ、自己重要感が育ちません。

・自己有能感を満たす言葉や態度

上司が部下に「あの対応の速さ、さすがだね。先方も驚いていたよ！」と言う。

親が子に「宿題もう終わったの？　えらいね～」と頭を撫でたりして能力を褒める。

・自己好感を満たす言葉や態度

友人に「いいね～。そういうところ、好きだわ～」と言う。

親が子に「大好きだよ」と言って抱きしめる。

このように３つの欲求を満たすことで、相手の自尊心や意欲が育ちます。

人の３大欲求を理解しよう！

21 3大欲求と心の中の3人の私

前項で、「自尊心の3大欲求」は①自己重要感　②自己有能感　③自己好感の3つだとお伝えしました。では、どんな人に対して、どのように3大欲求を満たすことを意識して話すのが効果的なのでしょうか？

相手のタイプを理解するためには、交流分析の「自我状態」を知ることが役立ちます。自我状態は、思考・感情・行動のもとになっている心理状態で変化します。あなたの感情や振る舞いも、穏やかだったり、怒ったり、一定ではありませんよね？

次の「心の中の3人の私」のうち、現れる自我状態は状況によって変化します。

・P（親：ペアレント）の自我状態…自己重要感が大切

親と同じように感じ、考え、行動する自分。しつけや教育から自分の中に取り入れた。「馬鹿者!」と叱ったり、批判・指示したり、「大丈夫」と励ましたり、賞賛します。どちらも親が子どもにするように上から下に向かって人に関わったり、行動したりするのが特徴です。

子どもは、「人には親切にしなくてはならない」「遅刻してはいけない」など10歳までに無意識に親の教えを良いことも悪いことも取り入れます。頭ごなしに叱る親が嫌だったのに、親そっくりに我が子を叱ってしまうことがあるのはそのためです。

・A（成人：アダルト）の自我状態…自己有能感が大切

事実に基づいて、冷静に理論的に判断し行動する状態。情報収集や計画を立て検証するときに必要。「今、ここで」に意識があり、気づきを得やすい。熱いやかんに触ると火傷する、9時に出発しないと遅刻するなど、冷静な判断ができるようになるのは12歳頃だといわれます。

・C（子ども：チャイルド）の自我状態…自己好感が大切

幼い頃、教室で友達と騒いでいて、怖い先生がドアから入ってきた途端に急いで席について静かにした経験はありませんか？

大人になっても、優しい人の前でははしゃぎ、怖い人の前では大人しく振る舞うような子ども時代と同じような考え、感じ方、行動を取るのがC（子ども：チャイルド）の自我状態です。

どの自我状態をよく使っているかによって、その人の性格や対人パターンがわかります。

思考・感情・行動の根本を知る！

22 相手の自己重要感を満足させる

Ｐ（親：ペアレント）の自我状態の人は、指導する相手がいないとき、自分の価値観を否定されたり、存在を蔑ろにされたりしたときにストレスを感じます。

親が子どもをしつけ、子どもに慕われるように、他者から一目置かれ慕われることを望みます。

漫画『サザエさん』に出てくる波平さんのような頑固親父タイプで、しかめ面で「〜すべき」が口癖な人や、フネさんのような母親的で「あなたのことが心配よ」と話すタイプです。このタイプには自己重要感をアップさせる対応が好まれます。

①言葉で敬意を払う

「お目が高いですね」「上品でいらっしゃいますね」「頼り甲斐がありますね」など敬意を払う言葉がけは、相手の自己重要感をアップさせます。相手に、バカにされたと感じさせないことがポイントです。

②相手の話をメモする

敏腕営業は、会話の途中で「今の話、メモさせてもらえますか？」と言って、手帳を出し、感銘を受けた言葉を書き留めます。相手への尊敬の念を、メモすることでさりげなく表すのです。

③全員で挨拶する

お客様を出迎える際は、1人だけでなく全員で迎えて見送ると、相手は自分が重要人物として扱われていると感じます。

④商品や持ち物を丁寧に扱う

人は、物への扱いを無意識に自分への扱いと感じます。だから、高級商品を扱うお店は、スタッフが手袋を着用して、商品を丁寧に扱います。店内の商品はお店ではなく、お客様のものと考えるからです。

重要感を大切にするお客様は、自分が選んだ商品も大切にしてほしいものです。自宅に招いた際や接待の際、相手のコートや上着をお預かりするときも丁寧に扱いましょう。

相手に敬意を払う言葉がけや態度で重要感を満たし、心を掴むことが大切です。

丁寧さで敬意を払う!

23 相手の自己有能感をくすぐる

Ａ（成人：アダルト）の自我状態の人は冷静沈着で、どちらかと言えば無表情な人が多く、５Ｗ２Ｈのように「いつ、どこで、誰が？」など客観的で合理的な表現を好みます。

そして、義理人情の世界や不合理なことにストレスを感じます。

感情に左右されず、客観的な事実やデータに基づいて判断するタイプです。このタイプは自己有能感を刺激することが有効です。

①行動や能力を褒める

Ａ（成人：アダルト）の自我状態の人は、客観的にデータに基づき、目的達成できるよう分析、行動します。自分の知識や判断に自信があるので、「初めて知りました」「なるほど」「それは、すばらしい」などの相手の行動や能力を褒める言葉がけが大切です。

②恥をかかせない

デキる営業は、「ご存じないですか？」とは言いません。

営業「従来の座組みでいきたいと思います」

お客様「すみません、座組みとは？」

営業「え、ご存じないですか……」

このように呆れたように説明を始めると、相手は不快に感じます。

座組みとは元々は歌舞伎や演劇などでの出演者の構成のことでしたが、最近はビジネスの場面でも、企画に関わるメンバーや組織という意味合いで使われます。

しかし、一般に馴染みのない表現や専門用語は、相手に恥をかかせてしまう恐れがあるため、極力使わないのが得策です。

この場合、「すみません。つい社内用語で説明してしまって……。座組みとは……」とフォローしていれば、相手の受ける印象は変わったはずです。

③無理に説得しない

無理に説得しようとすると、「丸め込まれてたまるか」という抵抗が生まれるため、こちらからは結論を言わず、相手に結論を出してもらうように質問をするのが有効です。

自己有能感をＵＰさせるためには、相手の意思決定は正しいと受け止めることが重要です。

相手のほうが物知りだと思って話す！

24 一体感で相手の自己好感を満たす

C（子ども：チャイルド）は、人気者になりたい、自分の味方になってほしいと願っています。嫌われることや相手にされないことにストレスを感じます。

漫画『サザエさん』のカツオくんのようなヤンチャ坊主タイプで、「やったー！」などの感嘆詞が多い元気なタイプと、ワカメちゃんのように素直で、上目づかいで「はい。わかりました」と相手に合わせるいい子ちゃんタイプがいます。

子どもが親の関心や愛情を欲しがるように、人から好意を持たれたいと願っています。だから好感を示すことが大切です。

①好意を感じさせる

C（子ども：チャイルド）の自我状態の人は、相手から好かれることを望んでいます。

アパレル店員さんに「その服、かわいいですよね。私も持っています」などと言われるのに弱いタイプです。仲間に入れてほしいからです。

「今日は○○様にお会いできてうれしいです」と好意を示すと、喜んでもらえます。

②笑顔で対応する

C（子ども：チャイルド）の自我状態の人は、テンションの低い人が苦手です。目が合った瞬間に笑顔で挨拶し、明るく話しかけることが大切です。

相手がテンション高めでキャッキャとしていれば、こちらもそれに合わせることで一体感が生まれ、「この人とは気が合う！」と感じてもらえます。

③関心を示す

相手を見かけたら、現在の立ち位置のまま挨拶するのではなく、一歩前に出て迎えることで、相手への好意を伝えます。

何度かお会いしたことがある方なら「先日はありがとうございました。その後どうですか？」などと声をかけます。「覚えていてくれた」と、自分に関心が向けられている、この人は自分の味方だと相手に感じてもらうことが大切です。

お店での接客の場合、①店内に入っても挨拶されない　②横目でチラッと見るだけで店員同士で話している　③常連客とそうでないお客様との態度が違いすぎるなどは、相手に疎外感を感じさせるので注意が必要です。

笑顔で関心を示そう！

25 ウマが合うかどうかは利き感覚にあり

利き手があるように、脳にも「利き感覚」が存在します。

NLP心理学では、五感を視覚（Visual）、聴覚（Auditory）、身体感覚（Kinesthetic）の3つに分類し、代表システム（VAKモデル）と呼んでいます。

レストランでメニューを選ぶとき、あなたはどんな風に選びますか？

①見た目：メニュー表に載っている写真や近くの席の人の実物の料理を見て決める

②情報：メニュー表の説明文や、店員に「今日のおすすめ」を聞いて決める

③感覚：「今日は寒いからうどん」など体の感覚や料理のいい香りなどで決める

①を選んだ人は、視覚Vタイプ、②の人は聴覚Aタイプ、③の人は身体感覚Kタイプです。

では、利き手や利き感覚はなぜ存在するのでしょうか？

脳には意識と無意識が存在し、その割合は意識1：無意識9だともいわれます。だから、意識はいつも1つのことしか捉えられず、この本を読むことに意識が向いていると、空調や腰掛けている椅子の感覚に気づかないのです。意識が1つのことに集中しているとき、他の五感で感じとったことはすべて無意識に落ちているのです。

だから、脳には視覚、聴覚、身体感覚と3つ揃っていても、1つの感覚に偏って使ってしまいます。

人が無意識に使っている利き感覚のVAKモデルを相手に合わせると、心理的な距離が一気に縮まり、「あなたとはウマが合う!」と感じてもらえ、会話も弾みます。

相手の利き感覚を意識しよう!

VAKモデル

コミュニケーションの達人になる!

V 視覚的要素 ビジュアル型	A 聴覚的要素 オーディオ型	K 身体感覚的要素 キネスセティック型
1.比較的早口で高い声で話す。質問に即答する。	1.明瞭な声で、滑らかに話す。	1.比較的低い声でゆっくりと話す。
2.ものごとを頭の中で映像処理しているので素早い反応ができる。	2.ものごとを図形や感覚ではなく論理的に考える。人に伝える時も論理的に話して聞かせることを好む。	2.頭で考えるのではなく、身体で感じたことを言葉にするため、反応に時間がかかる。
3.目線は上の方を向いている。	3.目線は横に動く。	3.目線は下を向いている。
4.胸の上や肩で浅い呼吸。	4.胸全体で平らに呼吸する。	4.お腹のあたりでゆっくりと呼吸する。
5.「見る」「視点」など視覚につながる言葉をよく使う。	5.「聞こえる」「考える」など聴覚につながる言葉を使う	5.「感じる」「把握する」など身体感覚につながる言葉を使う。
Vタイプがよく使う言葉	**Aタイプがよく使う言葉**	**Kタイプがよく使う言葉**
見る	言う	触る
焦点	リズム	接触する
見晴らし	共鳴する	粗い
輝く	響く	扱う
明らかにする	強調する	歪む
見つめる	尋ねる	握る
幻覚	奏でる	掴む
注目する	ささやく	緊張
描く	聞こえる	手応えのある
観察する	傾聴する	滑らかな
じろじろ見る	口に出す	温かい

なんとなく気が合うのは知覚スタイルが同じだからだった!

26
五感を制する人が好印象を手にする

NLP心理学の代表システム（VAKモデル）は、①目の動き　②呼吸　③声のトーンやスピード　④使う言葉を観察することで、タイプがわかります。

《見た目至上主義の視覚（V）タイプ》

視覚（V）タイプの人は早口で話が飛びます。

映画を原作の小説で読むと時間がかかるように、映像に含まれる情報は膨大です。そのため脳内の映像を見上げながら伝えようとするVタイプは、目線は上を向き、声は高く、早口になるのです。場面が切り替わると急に話が飛んでしまいます。

このタイプに説明をする際は、文字だけのパワーポイントや資料ではなく、**イラストや写真、図などのビジュアル要素を盛り込む**のが有効です。

話す場所は、見た目が綺麗な場所を選ぶと会話が弾みます。

《静けさが命の聴覚（A）タイプ》

聴覚（A）タイプは音に敏感で、耳の周りに意識が向き、講演会などで目を閉じ、耳だけ傾けることもあります。物事を図形や感覚ではなく、言葉で論理的に考えます。姿勢は真っ直ぐで、明瞭な声で、滑らかに話します。

車のセールスなら「エンジン音が静かなんです」と聴覚に訴えかけ、アフターフォローは、メールや電話、手紙など文字や声でフォローするのを忘れずに。

騒がしいところでは集中できないため、**静かな場所で話す**必要があります。

《ゆっくりと言葉が滲み出る身体感覚（K）タイプ》

身体感覚Kタイプは物事を頭ではなく身体で感じるため、体に意識が向き、姿勢はやや俯きがちで、目を下の方に動かします。お腹のあたりでゆっくり呼吸し、ゆっくり話します。質問しても、長めの沈黙の後に返事が返ってきます。

このタイプにはゆっくり話し、**矢継ぎ早に質問せずに沈黙を待つ**ことがポイントです。試食や試乗など、実際に触れることで物の良さを実感します。

このように相手の利き感覚に合わせた会話をすることで、相手はもっと話したいと感じます。

相手の五感に合わせて話そう！

第3章

雑談編

27 沈黙を破る

沈黙を極度に恐れる必要はないとしても、「沈黙が続くのは避けたい……」というときはどうすればいいのでしょうか？

そのためには、ちょっとした雑談がおすすめです。雑談なのでくだらない話でOKです。**「役に立つ話をしなければ……」「相手を楽しませなければ……」と構えると、会話のハードルが上がって、かえって話せなくなります。**あなたの緊張は、相手にも伝わります。

雑談のコツとして、『雑談の一流、二流、三流』（明日香出版社）の著者、桐生稔氏は「タッチ&クエッション」という方法を紹介しています。「タッチ」…目の前のものに触れる（話題にする）、「クエッション」…相手に質問するというシンプルな方法です。

例1「この店混んでいますね？（タッチ）　よく来られるのですか？（クエッション）」

例2「あ、新発売のパンだ！（タッチ）　パンは好きですか？（クエッション）」

タッチは目に入ったもので、自分が気になったものならなんでもOKです。雑談は浅いレベルの話で、あまり相手に立ち入らないことが大切です。質問は浅いレベルなら、相手も負担を感じることなく答えられます。

沈黙を破る方法として、心理学者のキャロル・フレミング博士が提唱する「AREメソッド」もおすすめです。**AREメソッドは、雑談をうまくスタートさせる方法です。**

①**Anchor**（アンカー）…**共通の話題を見つける**
②**Reveal**（リヴィール）…**個人的な情報や体験を話す**
③**Encourage**（エンカレッジ）…**相手に質問する**

例1「①初対面ですね。②私、変な汗かいちゃって……③○○さんは緊張するタイプですか？」
例2「①もうすぐ連休ですね。②私は実家に帰省するのですが、③どこか出かけられますか？」

②の段階では自分の話を長々としないことです。あくまでも自己開示することで相手が心を開き、話しやすくなるという返報性の法則を活かすことが目的です。そうすれば③で相手に質問したときに、相手が警戒せずに話をしてくれます。

親しい間柄なら沈黙は気になりません。慣れない相手だから沈黙が気まずく感じます。関係性が浅い相手には、お互いに楽に話せるちょっとした雑談がちょうどいいのです。

会話のハードルを下げよう！

28

冷めた話題を出さない

会話が苦手な人は、相手に会う前から「何を話そう？」と考えてしまいます。

ある芸人さんは、テレビに出る際に事前にギャグを紙に書き、持ち歩いていました。それを見た人気司会者の先輩芸人は、「こんなもん見て笑いとるの無理やで。話には流れがある。その流れを感じて、言葉を選ぶからウケるのに、あらかじめ用意したギャグなんて、突然言ってもウケへんで」と言ったそうです。

人気芸人は、アドリブが上手です。会話の流れから直感的に言葉を選び、笑いをとります。状況を無視してネタを披露しても、うまくいきません。

料理上手な人も、冷蔵庫の中の食材でパパっと調理します。話題を事前に用意するのは、ラーメンを作って持ち歩くようなものです。相手に出したときには、冷めて食べられたものではありません。

その場で相手の関心事や、自分の心が感じたことを直感的に話すのが大切です。

ＮＬＰ心理学ではKnow Nothing State（ノー・ナッシング・ステート）という、頭でごちゃごちゃ考えるのではなく、そのとき心に湧いてきた直感＝潜在意識に従うことで高いパフォーマンスを発揮するという考え方があります。スポーツでは**「ゾーンに入る」といわれる「今、ここ」に集中している状態**です。

これは、車の運転に似ています。五感を全方位に開いて歩行者に注意し、ハンドルを握り、ブレーキやアクセルを踏むなど、あらゆる外部の情報に敏感に反応します。**1つに集中する意識ではなく、すべてにアクセスできる潜在意識を活性化した状態**です。

剣豪、宮本武蔵は『五輪書《ごりんのしょ》』の中で「観の目つよく、見の目よはく」と剣術について説きました。「観の目」は目には見えないものを見る心の目、全体を俯瞰する目であり、「見の目」は目で捉えることができる視野です。

剣術では、相手や太刀にとらわれず全体を見ろと言われることがあります。宮本武蔵の生きた時代では、複数の敵に囲まれたら、目で見えるものだけでなく、相手の気配も感じなければすぐに切り殺されてしまいます。

会話も、事前に話題さえ用意すればいいとその場の相手の表情や態度に注意を払わなければ、相手の心も掴めず、あっという間に場がしらけてしまいます。会話でも、その場全体を感じる観の目が大切なのです。

観の目で直感的に言葉を選ぶ！

29 共通点を取りこぼさない

初対面の相手でも出身校が同じだと知って、急に親しみを感じた経験はありませんか？

これは、**人には自分と似た人に安心感や信頼感を感じる「類似性の法則」**という心理があるからです。

あなたと仲がいい人は、どんな人ですか？

出身校が同じ、会社の同僚、趣味のサークルのメンバーなど、親しい人は必ずあなたと何かしらの共通点があるはずです。

だから、**初対面の相手でも共通点を探すと親近感が湧き、会話が弾みます。**

しかし、出身校や住まい、仕事や趣味などがまったく同じということは稀です。そこで、**ピンポイントではなく最大公約数の共通点を探せばいい**のです。

お客様「私は学生時代はサッカー部に入っていて、体力には自信があります」
営業「サッカー部だったんですね。走り込むから体力つきますよね。私はバレーボール部でした。やはり、球技は楽しいですよね」

という具合に、球技、スポーツ、体を動かすことなど、相手と共通点ができるまで考えを広げて会話すると、意気投合しやすくなります。

嫌われる話し方をする人は、悪気なく、

お客様「私は学生時代はサッカー部で、体力には自信があります」

営業「そうなんですね。私はスポーツはさっぱりダメでして……」

などとディスペーシング（反同調行動）をしてしまいがちです。

もし、どうしても共通点が見つからない場合でも、

営業「そうなんですね。私はスポーツはさっぱりダメでして……。うらやましいです」

などと、**ひと言相手の気分がよくなることをプラスする**ことが大切です。

人は気分がいいときに買い物をし、自分の気分をよくしてくれる人とまた会いたいと思うからです。

トップセールスマンの友人は、初めて会う経営者のお客様の場合、ホームページを事前にチェックして、出身地や年齢など共通点があれば、それを会ったときに伝えるようにしているといいます。共通点が多いほど打ち解けやすく、相手の警戒心を取り払うことができるからです。

最大公約数の共通点を探す！

30 オウム返しで会話を弾ませる

卓越したコミュニケーションがとれる人は、カウンセリングの傾聴のスキル「オウム返し」を使い、ラポール（信頼関係）を構築して会話を弾ませます。

実は、**脳は外部からの情報に対して、安全で受け入れていい情報はＹＥＳ、危険で拒否すべき情報はＮＯと無意識にジャッジしています。**だから、この検問を突破しなければ、何を話しても相手には響きません。

突破するためには、「オウム返し」が有効です。

営業「少し、日焼けされましたか？（「ＹＥＳ」としか答えられない質問）」

お客様「そうなんですよ（ＹＥＳ）。先日、沖縄旅行に行ってきたんですよ」

営業「沖縄旅行に行かれたのですね。うらやましいな〜」

お客様「はい（ＹＥＳ）。楽しかったです」

このようにオウム返しは相手が話した言葉を繰り返すので、相手は声に出さなかったとしても、無意識に『うん』『はい』など『ＹＥＳ』としか答えようがない会話になります。

脳のレベルでは、あなたの言葉は安全と判断され、言葉の検問を軽やかに突破したのです。では、もしオウム返しをせず、次のように言い換えた場合はどうでしょうか？

営業「少し、日焼けされましたか？」

お客様「そうなんですよ。先日、沖縄旅行に行ってきたんですよ」

営業「国内旅行に行かれたのですね」

お客様「？（NO）はい……。（国内だけど、海外じゃなきゃダメだったのかな？）」

このように言い換えると、相手の言葉そのままではないので一瞬頭にNOが浮かび、「沖縄＝国内」と変換が必要で、会話が思考的になります。

ぜひ実験してみていただきたいのですが、**オウム返しの際は相手の表情がリラックスしているのに対し、言い換えた場合は真顔になります。**

言葉を吟味するため、脳が分析的になるからです。すると、気持ちのいいテンポで会話ができず、「楽しかった」という感情を感じにくくなります。

相手の言葉は、相手の世界観そのものです。オウム返しで相手の世界観そのものを大切にすることが、ラポール＝信頼感を育てることにつながるのです。

繰り返して警戒心を解こう！

31 会話の前方確認をする

あなたは必ず笑顔で挨拶していますか？　相手の喜怒哀楽に敏感な方ですか？

相手の言いたいことを予測できますか？

当てはまる数が多い人は、「ＳＱ」が高い方です。

ＳＱとはアメリカの心理学者ダニエル・ゴールマンが発表した概念「Social Intelligence Quotient」の略で、日本では「社会的知能指数」「生き方の知能指数」と訳されます。

対人能力や社交性の高さを表す指数で、ＳＱが高いリーダーのほうが低いリーダーよりも高い業績をあげることがわかっています。

ＳＱの要素は次の２つです。
①社会的意識：相手の言葉や態度から相手の感情や意図を汲み取る能力
②社会的才覚：良好な人間関係を保つために適切な行動をとれる能力
会話でいえば、①の社会的意識は、洞察力＋共感力です。②の社会的才覚は、相手の気分がよくなる言葉がけや問題解決のための質問力です。

忙しそうな相手に構わず話しかけたり、マシンガントークで話し続けたりする人は、①

社会的意識の観察力や相手の立場や気持ちに共感する力が不足しています。

相手のストップサインをキャッチできる人が空気が読める人です。

たとえば、

・表情が乏しくなる、反応が薄い
・「あーそうなんですね」などと相槌が少なく、質問をしない
・外を見る、お茶を飲むなど、話を逸らすきっかけを相手が頻繁につくる

などの反応があったら、話しすぎている証拠です。

これらのサインを受け取ったら話を切り上げるタイミングです。

「忙しそうだからまたにしようか？」と適切に話を切り上げたり、「この話は興味なかった？」と相手の反応を見て質問できるのが②の社会的才覚です。

ＳＱが高いほうが人間関係も仕事もうまくいき、生きるのが楽になります。

車も発進前に前方確認をするように、目の前の相手のサインを読み取りながら話すことが、幸せに生きることにつながるのです。


ストップサインをキャッチする！

32 話し方の構成要素

あなたが会話で大切にしていることは何ですか？　流暢に澱みなく話すことでしょうか？　わかりやすく、簡潔に話すことでしょうか？

では、何のためにそれをしているのでしょうか。

多くの人は、モテたい、交渉を有利に運びたい、嫌われたくないなど、人といい関係を構築することを目的にしていると思います。

もし、相手の反応を気にせず喋るだけなら、今はYouTubeなどで一人語りもできる時代です。しかし、そうではなく、多くの人が相手とコミュニケーションをとり、親しくなったり、影響力を持ちたいと考えています。

自己啓発の大家と呼ばれるデール・カーネギーは、「友を得るには相手の関心をひこうとするよりも、相手に純粋な関心を寄せることだ」と言っています。

人に好かれる話し方というのは、実は聞き方なのです。人は自分の話を聞いてくれる人に関心を持ちます。さらに、**相手に好意や関心を示す一番簡単な方法は、相手の関心事に対して質問することです。**だから、聞き上手は話し上手と言われるのです。

人とコミュニケーションをとる上での聞き方の重要性や具体的な方法は、拙書『なぜか感じがいい人の聞き方　１００の習慣』でもお伝えしましたので、読んでいただければ会話がラクになるはずです。

話し方は、聞き方＋質問で構成されています。

だから、会話の中で、相槌にどんな言葉を選ぶのか、どんな姿勢や表情で話を聞くのかで、会話が弾むかどうかが決まります。

そして、話の方向性を左右する質問力はとても重要です。

柔道でいえば、相槌や頷きなどの基本的な傾聴力は受け身です。できないと会話で大怪我をします。質問は投げ技です。技のキレで一本勝ちで勝利するのか、技ありで有利に試合を運ぶのか、はたまた技を返されて負けるかが決まります。

しかし、多くの人がその効果の大きさを知らず、自分本位の質問やマニュアル通りの質問をして、相手から信頼される、愛される機会を失っています。

質問力を磨けば、あなたの影響力は飛躍的に向上するでしょう。

質問という必殺技を磨こう！

33 モテる人は質問上手

「いい人なんだけど、話していて楽しくない……」

「仕事はできるのに、人から好かれない」

「頭がキレて、顔もスタイルもいいのになぜかモテない人がいる」

その原因は、自分の話ばかりしているからです。

昔から、話し上手は聞き上手と言われるぐらい、聞き方はコミュニケーションがうまくいくかどうかの鍵を握っています。話し上手な人は、相手から話を引き出します。

では、モテる人はどんな会話をしているのでしょうか？

ハーバード大学が行った実験では、短時間で男女が席を移動してできるだけ多くの人と会話をするスピードデートで、
①15分以内に最低でも9つの質問をする人
②15分以内に4つ以下の質問をする人
を設定し、異性と話をしてもらいました。すると被験者は、自分に多く質問をしてくれた人に「次も会いたい」と好感を抱いたのです。

なぜなら、**質問が多い＝自分に関心があると認識する**からです。

あなたも、好きなタレントやスポーツ選手と会ったら、たくさん質問しませんか？

好意や関心は、質問となって表れるものなのです。だから、人は質問をしてくれる人＝自分に好意や関心がある人と認識します。

そして、人には受けた好意にお返しをしたくなる「好意の返報性」があります。だから、あなたが出会う人のことを好意的に見れば、質問は自然に増え、相手からも好かれます。

相手の話の内容に興味がなくても、相手に興味があれば「相手はなぜそう思うのか？」など、何か質問できるはずです。

質問力を上げようと質問集を買うのではなく、相手の良い面にスポットを当てて、相手を好きになることが、質問力を上げる近道です。

知の巨人と称されたピーター・ドラッカーも「コンサルタントとしての私の最大の長所は、無知になりいくつかの質問をすることである」と言っています。質問は、相手に好意や関心を示し、信頼関係を築くと同時に、相手を深く理解するのにも役立つのです。

相手に好意を持って質問しよう！

34 急接近しない

質問をするときに注意したいのは、**興味本位の質問をしないこと**です。これは、カウンセリングの基本です。

以前、友人と旅先でタクシーに乗ったときのことです。

運転手「東京から移住して、本当にストレスフリーで最高です」

友人「運転手さんは、東京では相当大きな会社で、高い役職で稼いでたんですか？」

運転手「いやー……。それなりです」

私「東京は人も多いし、満員電車とか渋滞とか大変ですよね。こちらは自然豊かで混雑なし。ストレスフリーっていうのは、そのあたりですか？」

運転手「そうですね。人混みとかは懲り懲りなんですよ。今の家も、近くに民家がないところを探して住んでます」

友人は、悪気なく興味本位の質問をしています。雑談では、お金・政治・宗教・性的な話はマナー違反とされています。

相手が話したいことは、すでに会話の中に出てきています。相手が会社や役職について話したのなら、それについて質問しても問題ないですが、そうでなければNGです。

質問する際は、相手がよい気分で答えられるかを想像することが大切です。役職や稼ぎの話で気分がよくなるのか、詮索されて嫌だと感じるのかを考えることです。

私は、運転手さんの話から「ストレスフリー」という感情のキーワードを拾い、会話を広げました。車も人も、急接近するのは危険です。

質問にも距離感が存在します。家族や親しい友人なら家に招き、プライベートスペースで一緒に過ごします。しかし、たとえば荷物の配達員の方とは、玄関というパブリックスペースでやりとりをして終わりますよね。

同様に、心の中にもパブリックとプライベートなスペースが存在します。初対面の場合や親しくない人には、「それ、お高いんでしょう?」「お子さんは?」などと立ち入った質問をするのではなく「雨が降りそうですね。お帰りは大丈夫ですか?」といった天気の話など、パブリックな質問からスタートしたほうが、失礼になることはありません。

まずは、相手が話題にしたことや興味のあることについて質問しましょう。プライベートな質問へと移行するのは、相手との心理的な距離が縮んでからにするのがポイントです。

興味本位の質問をしない!

35 相手がしてほしい質問をする

質問で相手を不快にしてしまう人はどんな人でしょうか？

それは、自分がしたい質問をしている人です。**質問するべきは、相手がしてほしい質問です。**コーチングの世界では、「自分ではなく、相手が話したいことを話す」のが基本です。それが質問の質を上げるための第一歩です。

相手の気持ちを掴みたい、信用されたいと思ったら、左の表の①自分も相手も興味がある内容の質問をすれば、両者とも楽しく会話ができます。趣味や仕事で共通の悩みや関心がある相手なら、話題も選びやすいはずです。

次に有効なのが、②自分は興味がなく、相手が興味のある質問です。**人が一番話したいのは自分のこと**なので、相手が興味のあることを話したほうが好感を持ってもらえます。

たとえば、以前相手が「最近ゴルフを始めて……」と話していたのなら、「最近、ゴルフはされてますか？」と質問してみる。また、相手が仕事で忙しい人なら、「お仕事お忙しそうですが、お疲れではないですか？」と労う。初対面の人なら、相手の話に「北海道ご出身なんですか？　では、寒さには強い方ですか？」などとフォロー質問をしていくのがおすすめです。
③相手は興味がないが、どうしても自分が話したい話題は「ちょっとお聞きしたいことがありまして……」と切り出して話す。
④相手も自分も興味がさほどない「今日はいいお天気ですね」などは、会話のきっかけとして儀礼的に使うのはOK。ただし、必要以上に長く話さないのがポイントです。
自分がベラベラと話すより、相手に質問をするほうがよっぽど好感を持たれます。どんな質問をするにしても、「相手は何に関心があるのか？」と普段から心の矢印を相手に向けることが大切です。

相手の関心事を質問しよう！

質問の分類

① 自分○ 相手○	② 自分× 相手○
③ 自分○ 相手×	④ 自分× 相手×

○…興味があり、話したい話
×…興味がなく、話したくない話

36 会話に血を通わせる

通販番組で人気の実演販売士の方は、商品のよさを価格やスペックだけで伝えても、お客様にはまったく響かないといいます。

包丁なら、実演しながら「トマトもこの通り、ス〜ッと切れます。鶏肉の切りにくい皮の部分も、スパッと切れます！　丸、三角、四角、なんでもスパスパ切れちゃいます！」などと、**訴求力の強いオノマトペを使ってお客様の購買意欲を高める**そうです。

オノマトペは音や声、動作などの雰囲気を表す言葉で、「ドキドキ」「ザーザー」などの擬音語、「ワンワン」「ニャンニャン」などの擬声語、「テキパキ」「イライラ」などの擬態語の3種類があります。

話が面白い芸人さんも、よくオノマトペを使って表現しています。「ジェットコースターがカン・カン・カンってだんだん頂上に近づいていくんですよ」と手のひらを上昇させながら、観客がその場面を想像できるように話すのです。

オノマトペには、会話に臨場感を生み出したり、抽象的なイメージを具体的に伝えたりする効果があります。プレゼンの名手はオノマトペを巧みに使います。**1つの言葉で多く**

の情報を伝えられるオノマトペは、タイムパフォーマンスがいいからです。

医療現場でも、感覚的な痛みを「ズキズキ」「シクシク」「ガンガン」「ピリピリ」とオノマトペで表現することで、具体的な説明がなくても医者と患者の意思疎通ができます。

そして、会話に血を通わせるためにも、オノマトペが欠かせません。

①「お菓子をありがとうございました。美味しかったです」

②「お菓子をありがとうございました。家族で、ぺろりと食べちゃいました」

②のほうが、状況がパッと頭に浮かび、「そんなに喜んでくれたのか」と感じませんか？

実は、日本語の動詞は単独で使用すると意味を伝える力が弱く、「食べた」とだけ言うよりも「モリモリ」「パクパク」などのオノマトペの表現が入ることで、細かい情景説明がなくても直感的にイメージできるのです。

脳科学者の篠原菊紀氏による研究では、仕事や勉強に取りかかる前に「パパッと終わらせよう」などと**オノマトペを使ってシミュレーションすると、脳の線条体が活性化して、やる気が高まるそうです。**原始的な響きを持つオノマトペは、脳に直接働きかけ、イメージを喚起させる魔法の言葉なのです。

オノマトペの魔術師になろう！

37 すべらない話の極意

芸人さんのようにすべらない話＝面白い話をしたいと思う人は多いものです。

では、人気の芸人さんたちは、どんな努力をしているのでしょうか？

芸人さんは、人気芸人のネタやトークを何百本も見たり、ツッコミ担当なら、ものを知らないとツッコめないと、普段から新聞や本などを通して大量に情報収集をしています。

素人でも、好きな芸人さんや自分に近い声量・雰囲気の面白い人を見つけて、**モデリング（観察学習）**することはできます。心理学でのモデリングとは、モデル（＝すでに目標を達成している人）の仕草や考え方、行動を真似して取り入れ、成果を出そうとすることです。

しかし、この方法はよほどお笑い好きな人でないとできません。高度な笑いをとるテクニックは、にわか仕込みでは身につかないからです。

では、素人はどうやって笑いを会話に盛り込めばいいのでしょうか？

それには、「誰しも最大の関心事は自分自身である」という大原則を活用することです。

相手が興味関心を持っていることを話題にし、相手の美点を探し、承認（褒める・労う・

認める）を意識的に行うだけで、笑いや笑顔が生まれやすくなります。
相手を主人公にして話すことが大切です。

相手に関係のない、どこかで聞きかじった話をするより、すべることは格段に減ります。トップセールスや人間関係がうまくいっている人は、鉄板ネタで会話を盛り上げるのではなく、必ず周りにいる人が会話に参加できるように気を配っているだけです。

たとえば、ビジネスの集まりで遅れて到着した人が隣の席に座ったら、「今、主催者から説明があって、これから名刺交換が始まるみたいです」と説明して、相手に会の進行状況がわかるように気遣います。

また、団体で話していて、1人がお手洗いなどで席を立って戻ってきた際は、「さっきの話、結局、○○ってことで落ち着いたらしいよ」と相手が話にすっと入れるように配慮します。

反対に、嫌われる人は仲間内だけがわかるような話を延々続けます。「つまらない……」と感じるのは、多くの場合、話がつまらないのではなく会話に参加できないからです。

相手をさりげなく会話に参加させよう！

38

相手を置いてけぼりにしない

相手を巻き込むほど、あなたの話は聞き入れられ、会話も盛り上がるようになります。

そのためには、相手をキャリブレーション（＝観察）することが必須です。これは、カウンセリング等でも活用されている、相手の言語や非言語から本音を探るためのスキルです。

落語は、落語家が一人喋りをしているように見えて、実は決してお客様を置いてけぼりにしません。

タレントの伊集院光さんは、師匠から古典落語の世界では有名なキャラクター、能天気なうっかり者の与太郎の話をするときのコツを、次のように教わったそうです。

父「おまえ、いつも鼻たらしてるな。ちっとは鼻をかめ！」

与太郎「あんまり、鼻ばっかりかむとちり紙がもったいねえ」

父「だから、言ってんだろ？　最初に鼻をちり紙でかんで、二度目は便所で使えって」

与太郎「それが……」

ここまで話して、客席がクスクスと笑い出したら、父「汚ねーな、お前は！」

とツッコんで次の話に移り、客席がまだ笑っていなければ、
父「まさか、順番間違えたりしてね〜だろうな？」

とお客様に、笑うポイントがわかるように話を変えるといいます。

普段の会話でも、**相手の理解度を表情や相槌、態度から見抜いて、説明を加えたり省いたりできる人が相手を心地よくし、飽きさせず話に引き込んでいけます。**

相手からの評価を気にして、目を合わせずに一人で話し続ける人がいますが、これでは相手の心が離れてしまいます。相手に心の矢印を向けて観察し、理解度や相手の関心がどこに向いているかを意識することが大切です。

自動車の生みの親、ヘンリー・フォードも「成功の秘訣があるなら、それは常に相手の立場を理解しようと努め、相手の立場からものを考えることだ」と言っているほどです。

相手の理解度に合わせて話す！

第4章

仕事・プレゼン編

39 ムードをつくる

帰り道にどこからか美味しそうなカレーの匂いがしてきて、「夕飯はカレーにしよう！」と思ったことはありませんか？

これは「プライミング効果」といって、事前に見聞きしたことが判断や行動に影響を与える現象です。

心理学者のジョン・バルフ氏がニューヨーク大学の学生を対象に行った実験では、「物忘れ」「シワ」などの高齢者をイメージさせる単語を見せてから歩いてもらうと、学生たちは歩くスピードが遅くなったという結果も出ています。

会話でも、最初に投げかけた言葉が、相手の判断や行動に影響を与えます。

大学の授業で、ある講師が「みなさん、お昼ご飯を食べた後で『眠いな』とか『しんどいな』とか思っているかもしれませんが、頑張って授業を受けましょう」と声をかけていました。

しかし、プライミング効果を考えると「眠い」「しんどい」などと授業に集中できなくなる言葉をかけるのは逆効果です。

「今から話す内容はどんなことに役立つのか？」「習得するとどんないいことがあり、どんな楽しい気分になれるのか？」を話したほうが、聞き手の集中力が上がります。

会話する前から、どんな場所で、どんな雰囲気をつくるかが重要です。

音楽を使った実験でも、男性に電話番号を聞かれたとき、平凡なBGMよりもロマンチックな曲が流れているほうが2倍近くの女性が電話番号を教えたという結果が出ています。ロマンチックな雰囲気をつくったほうが、恋愛関係に発展しやすいのです。

デートで利用されるようなお店は、落ちついたキャンドルの照明に、ゆっくりとしたロマンチックな音楽が流れていませんか？　こうした空間演出で「このお店いいね」「料理も最高」などと褒め言葉が飛び交うと、脳はよい空間＝よい相手と感じ、2人の親密度が深まる効果があります。

他にも、サプリメントを販売する場合、事前に健康に関するアンケートを「疲れやすい」「食生活が偏っている」「健康診断が気になる」「ビタミン」「続けやすい」などの健康に関するキーワードで行うと、その後、お客様が商品を購入する確率が高まります。

ムードで心の導線を作る！

40 話の地図を確認する

セールストークで大切なことはなんでしょうか？

それは、相手の気持ちを動かすことです。そのためにはどうすればいいのでしょうか？

普段、私たちは移動するときに、地図を利用しますよね。実は、話にも地図が必要です。

地図で重要なのは、現在地とゴールです。**会話でも、相手が今いる心の場所からゴールまでを最短ルートで移動させせることが、気持ちを動かす話し方のコツです。**

①現在地…聞き手が今、どんな気持ちや状況なのか

②ゴール…聞き手をどんな気持ちや状態にしたいのか

聞き手目線のこの2つを意識して、最短ルートで話しましょう。

商品の説明を長々とすれば買ってもらえると思うのは間違いです。

私も、「最新の有益な情報としてご連絡します。（商品説明の長文）よかったら、資料をお送りしましょうか？」という営業メールをもらったことがありますが、お客様の現在地=気持ちや状況を理解せず、売りたいという焦りだけで説明されても、人の気持ちは動きません。人は、「売りつけられる」と感じると警戒する心理があるからです。

現在地がずれている（＝相手の心を掴んでいない）のに、自分の連れて行きたいゴールに導くのは不可能です。まずは、相手の期待や関心は何か、不安・不満・不便は何かを考える（＝相手の現在地を知る）ことが重要です。

商品をお客様が買うのは、自分の期待・興味・関心があるものか、不安・不満・不便を解消できるものだけです。

だから、まず「○○でお困りではありませんか？」「○○になることがご希望ですか？」と相手の現在地から話ができるように、普段から相手の価値観や仕事、ライフスタイルなどに関心を払うことで、いい提案ができます。

マニュアル通りの説明ではなく、お客様のメリットや購入後の気持ち、現状がどう変化するかを伝えることが大切です。

商品が具体的にどう相手の役に立つのかを簡潔に伝えることで、最短ルートでゴールまで導きます。人は、商品ではなく自分に詳しい人から買うのです。

心の現在地とゴールを把握しよう！

41 反感を買わずに提案する

お客様の反論には、どのように対応すればいいのでしょうか？

お客様「う〜ん。ここまで値上げされると、うちとしても継続するのが難しいな……」

営業「いいえ、（No）誤解があるようなので説明させてください。値上げした理由は……」

言葉は丁寧でも、このように否定から入ると、相手は不快になります。どんな人でも自分の意見を尊重してほしいものです。

では、次の表現はどうでしょうか？

お客様「う〜ん。ここまで値上げされると、うちとしても継続するのが難しいな……」

営業「はい（Yes）、たしかに価格は上がっております。しかし（but）、耐久性が飛躍的にアップしており……」

いったん、「はい」と受け入れて、「しかし」と反論する**「Yes but法」**です。

普段の会話でも使われますが、「あの店、美味しいから流行っているよね。でも（but）、待ち時間が長いんだよね……」と言われたときに印象に残るのは、butの後の「待ち時間が長い」という言葉ではないでしょうか？

私たちは、「しかし」「でも」「だけど」などのbutの接続詞の後に、必ず自分が否定されることを無意識に知っています。

交渉で「しかし」と逆接の接続詞を使ったとき、相手の表情を見てみてください。無意識に警戒しているはずです。心を閉じている相手に、あなたの提案が受け入れられるはずがありません。

では、どうすればいいのでしょうか？　次の表現を見てみましょう。

《Yes and法》

お客様「う～ん。ここまで値上げされると、うちとしても継続するのが難しいな……」
営業「はい（Yes）、たしかに価格は上がっております。実は（and）、耐久性が飛躍的にアップしており……」

このように**「はい」と受け入れて、「そして」「だから」「ですので」「実は」などの接続詞を使えば、否定的な印象を相手に与えません。**これが「Yes and法」です。

ちょっとしたことですが、順接の接続詞で提案することで、相手から反感を買わずに済み、あなたのストレスも軽減されるはずです。

順接の接続詞を使おう！

42 YESを積み上げる

自動車がトップスピードでなく徐行から動き始めるように、商品やサービスを提案する場合も最初から本題に入るのではなく、まず受け入れムードをつくることが大切です。

そこで役に立つのが、**自然な会話の中で相手から「はい」と繰り返し返事をもらい、同意の雰囲気を高める「YESセット」**です。

相手が「YES＝はい」としか言いようがない質問（＝YESセット）を繰り返した後に提案をすると、OKしてもらえる可能性が高まります。人には自分の考えや行動などを一貫させたいという心理、一貫性の法則があるからです。

YESセットは、次の3ステップです。

①YESとしか答えられない質問をする（天気・時事ネタ・相手が以前話していたこと）

「寒くなりましたね」など、簡単に相手から「そうですね」というYESを引き出せる質問をします。仕事でも「ご訪問の日時は○月○日10時でお間違いありませんか？」と共通認識を確認することで、YESを引き出せます。

また、相手が以前話した内容を覚えておき、それを元に「前回、12月に退職者が多いとおっしゃっていましたが、その後いかがですか？」などと質問するのも「そう、そう（YES）。よく覚えていたね。実は……」と「YES」から始まる返事を引き出せます。相手は自分に関心を払ってくれたと感じ、いい印象も抱いてもらえます。

②キーワードをオウム返しする（喜怒哀楽の感情のキーワード・相手の重要事項）

喜怒哀楽の感情のキーワードや相手の関心事などの重要事項を拾い、語尾を「〜ですね」「〜でしたか」などに変化させるだけでも、自然にYESセットができます。

お客様「忙しくて、人手不足で困っちゃうよ（笑）」

営業担当「人手不足ですか？　うれしい悲鳴ですね」

YESセットでは、表情から相手の感情を読み取る力も大切です。

③提案する（相手の悩みを解決する提案・相手の期待に応える提案）

YESセットで「はい」を積み重ね、最後に本題のお願いや提案をしたとしても、その提案が相手の悩みを解決し、期待に応える内容でなければ、相手にとってはただの押し売りです。そのため、相手への関心と思いやりが大前提です。

「YES」で受け入れムードをつくろう！

43 ネガティブな反応から逆転する

会話の中で、YESセットによって相手から繰り返し肯定的な返事をもらい、同意の雰囲気をつくれればいいのですが、「NO」が返ってくることもあります。

営業「先日は、御社の業界誌に新製品が紹介されていましたね」
お客様「はい（YES）」
営業「新しい空気清浄機ですよね？」
お客様「はい（YES）」
営業「問い合わせもかなり、多いのでは？」
お客様「いいえ（NO）。それが、イマイチなんです……」

と相手からNOの返事を引き出してしまって、慌てて取り繕おうとするのは危険です。

「最初はイマイチでもすぐに問い合わせが増えますよ！」（根拠のない励まし）
「Facebook広告なんか効果あるみたいですよ」（アドバイス）
「不景気で、消費者も財布の紐が硬くなっていますから……」（不安を煽る発言）

などと言ってしまうと、お客様は「呑気なことを……。そんなこと知っているし、打てる手は打っているのに」と不快に感じることもあります。

だからカウンセリングでも、根拠のない励まし・アドバイス・不安を煽るような発言・指示命令は御法度なのです。

この場合、
営業「問い合わせもかなり、多いのでは？」

お客様「いえ（NO）。それが、イマイチなんです……」

営業「イマイチなのですか？」

お客様「そうなんです（YES）。ちょうど他社の製品と発売日が近くて」

と**お客様のNOをそのままオウム返しするのが無難です。**

お客様の口から出た言葉を繰り返せば、お客様はYESとしか答えようがありません。

そして、**自分が使う言葉ほど安全だと感じるものはないのです。**

「チリも積もれば山となる」といいますが、潜在意識で安心感を抱いてもらうには、小さな「NO」が積み上がらないようにすることが大切です。

「NO」のオウム返しで「YES」を引き出す！

44 寺子屋式プレゼンを卒業する

聞きっぱなしで一方通行の寺子屋式プレゼンを聞くのはつらくありませんか？
だからNLP心理学の代表システム（VAKモデル）を活用し、五感に訴えかける参加型のプレゼンを組み立てるのが有効です（P71のVAKモデル表参照）。

視覚（V）、聴覚（A）、身体感覚（K）の3タイプの特性に対して効果的な方法を網羅して組み込むことで、誰にでもわかりやすく伝えることができます。

資料やパワーポイント（以下パワポ）に文字情報だけでなく、イラストやフローチャートなどの図解を入れることで、聴覚（A）タイプだけでなく、視覚（V）タイプにも伝わりやすくなります。フォントのサイズ、色や行間、タイトルに飾り罫を入れるなど、見やすいビジュアルを工夫してみましょう。

身体感覚（K）タイプの人には、体験型の説明が有効です。コール＆レスポンスで問いかけて手を上げてもらったり、グループで話してもらいましょう。また、書いたり触ったり、体を動かす内容を入れ込むことで、身をもって理解してもらうことが大切です。

最近は、パワポの資料をそのまま配布資料として配る場合がほとんどですが、プレゼン力の高さでも有名なタレントの中田敦彦さんは、最初からパワポの資料を配られると聞く気がなくなるといいます。相手が説明するよりも自分が資料を読むスピードのほうが速いため、事前に内容がわかってしまい、熱心に聞くのが難しいからです。

実は、心理学的にも同じことが言えます。脳は空白＝わからないことがあると埋めようとする性質があります。**ミステリー小説も犯人が最後までわからないから、好奇心を持って読み進めていけます。**

同様に、最初に資料を配ってネタバレしていると、聴衆にはインパクトがありません。

だから、私は配布資料とパワポの内容を別にしています。これは手間がかかるので、難しい場合は、プレゼン後に資料を配布する。資料を配る場合も、空白部分＝文字の虫食い部分をつくって、すべてネタバレしてしまうことを防ぐのが効果的です。

クイズ形式にして、空白部分に答えを書き込んでもらうことで、参加者も聞きっぱなしにならず、飽きずに済みます。

聞き手が好奇心を持って順番に謎解きができるようにすることで、プレゼンにインパクトが生まれるのです。

聴衆を参加させる仕組みをつくろう！

45 アイコンタクトで爪弾きにしない

人は誰でも承認されたいと思っています。特別に褒められなくても、「あなたはそこにいていい」と仲間に入れてもらえるだけでも安心できるのです。

あるセミナーに参加したとき、講師が前列の参加者にだけ視線を合わせて話していました。後方で目が合わなかった私たちは、なんだか仲間はずれにされたように感じました。講師に悪気はなく、前列の参加者は早めに会場に来て、セミナー開始前から講師と話をしていたので、その余韻で話し続けただけです。

照れ屋で緊張してしまう人も、人と目を合わせません。しかし、**自分の話を聞いてもらいたいなら、会場中の人と満遍なくアイコンタクトをすることが大切です。**

心理学の交流分析では、目を合わせることは「私はあなたがそこにいることを知っています」という存在認知のメッセージだと考えます。だから、目配せをするだけで、参加者を歓迎できるのです。

プレゼンなど、多くの聴衆に話しかける際の視線の基本は**「ワンセンテンス・ワンパーソン」**です。これは、ワンセンテンス＝1文あたり3～5秒ぐらいで、視線を合わせる対象を変えていくやり方です。

　この方法を実行するためには、一文を短い言葉で表現することが必須です。端的な表現は聴衆も聞き取りやすく、理解しやすいからです。

　人は誰でも自分自身に関心があります。だから、話し手と目が合うと「私に語りかけてくれている」と感じ、あなたの話に聞き入ってくれます。

　クラブのママは、複数のお客様とお話しする際、話している人にはおへそを向けて正体し、笑顔で「そうなんですね」と頷く。他のお客様にもアイコンタクトをしつつ、目が合わせづらい隣に座っている方には、膝に手を置き、疎外感を感じさせないよう工夫しています。会話から爪弾きにされたと感じると、急にその宴の席がつまらないものに感じるからです。

　楽しいと感じる会話にするためには、ユーモラスな話題が飛び交うことより、自分が大切にされていると感じることのほうがよほど重要です。だから目線を合わせ、一体感をつくることが大切なのです。

目線で一体感を生む！

46 聞き手は誰？

あなたが話す相手はどんな人ですか？　その人の悩みや関心は何ですか？

「いろいろな人が参加するので、関心と言われてもわからない」という場合も多いと思います。しかし、話す前に、ペルソナ（情報やサービスを提供する人の人物像）を明確にすることが大切です。参加者の中で、あなたがよく知る人を思い浮かべてください。

①名前は？

「参加者」という漠然とした集団ではなく、名前を挙げられるぐらい具体的な人物像を設定すると、相手の関心事が具体的に浮かび上がってきます。

②年齢、性別、職業や趣味は？

たとえば、山田太郎さん、30代男性。営業職で残業が多い、一人暮らしで毎日外食していて、趣味は筋トレといった情報がわかれば、相手のライフスタイルが見えてきます。もしあなたがサプリメントを販売している場合、タンパク質がとれて筋肉増強につながるサプリメントや、外食が多く野菜不足な人に最適なサプリメントなどをおすすめすると、喜ばれる可能性が高くなります。

③その人物が普段から抱えている不安・不便・不満は何？

営業の山田さんは、営業成績がなかなか伸びず、業職を続けていけるか不安に思っている。

④その人物の興味・関心・期待は何？

成果をあげている営業がどんなトークをしているか知りたい。

①〜④までをイメージすることで、聞き手の悩みや期待が明確になります。

この例の山田太郎さんの場合、営業力向上セミナーに興味を持ってくれる可能性が高いはずです。

あなたが提供する商品やサービス・情報が、**相手の不安・不便・不満の「不」を解消するもの、または相手の興味・関心・期待に応えるものならば、相手は聞く耳を持たざるを得ないのです。**

相手の「不」を解消するか、期待に応える話をしよう！

47 聴衆心理を理解して話を組み立てる

「プレゼンと聞いただけでも逃げ出したくなる……」と大勢の人の前で話すことに苦手意識を持っていませんか？

『パブリックスピーカーの告白』（オライリージャパン）著者のScott Berkun氏は、プレゼンテーションが怖いのは本能だ、といいます。

たった1人で、隠れる場所もない広いスペースに、武器も持たず生き物の大群にじっと見つめられて立っている状態は、野生動物の世界ならハイエナの集団に取り囲まれた子鹿のように、いつ殺されてもおかしくない絶体絶命の状態です。人間も同じです。逃げ出したくなるのも無理はありません。

さらに、**人は「わからないものが怖い」という心理があります。わからないものはコントロールできないからです。**聴衆がどんな人たちなのか、何をどう話せばいいのかがわからないから不安になるのです。

聴衆は千差万別で、事前に自分の話す相手についてリサーチする必要はありますが、左の「聴衆心理マトリックス」の図では、シンプルに聴衆をタイプ分けすることができます。

相手についてや何を話せばいいかがわかれば、不安が解消されます。自分がコントロールできることが増えるからです。

プレゼンが成功するかどうかは、あなたがリラックスして語れるかどうかにかかっています。

このマトリックスの４つのタイプの相手に関心を持ってもらう方法についてもお伝えしていきます。

タイプ別に「つかみ」を用意する！

聴衆心理マトリックス

興味・関心あり
目新しさ命、上昇志向ゾーン
・向上心があり、常に自分の知識や情報の最新データを更新していきたいタイプ。
・経験豊富だが、相手の話から、目新しい情報・やり方を吸収し、スキルアップや自分を常に成長させたい人。
興味津々ビギナーゾーン
・話の内容に興味があり、学びたい・知りたい聞きたいという欲求が高いタイプ。
・初心者だが話の内容をどんどん吸収していきたいと情報や知識はないが、意欲が高いタイプ。
情報・知識・経験多い
情報・知識・経験少ない
百も承知ですゾーン
・知識や経験豊富で「ハイハイ、また同じような話でしょ？」と関心が薄く、聞く気もあまりないタイプ。
・「あなたより、私の方が知ってますよ」と話し手に対して、上から目線な人。
ダルいな無関心ゾーン
・話の内容に興味がなく、知識も経験もないタイプ。
・興味がないので、学習意欲や聞きたいという気持ちもやる気もない。
…
興味・関心なし

48
期待が不満に変わるとき

「あれもこれも知りたい！」と話の内容に関心が高く、話し手に対して比較的好意的なのが、聴衆心理マトリックスの**「興味津々ビギナーゾーン」の人**です。

プレゼンの場合、何を話し、何を話さないのかを事前に伝えることが大切です。初めに伝えておかないと、期待を裏切る形になり、満足度が下がったりクレームになったりする場合があるからです。

私は、心理学の他にカラー講座も担当します。すると中には、心理学の講座の事前アンケートで「カラーの話も聞けるのを楽しみにしている」と言う方もいらっしゃいます。その場合、講座前に「今回は心理学セミナーですので、カラーのお話はいたしません」と伝えます。

話し手は、「タイトル通りの話をするのだから、それ以外の内容には触れないのが当たり前」と思っても、初心者にはわからず、期待から不満へ変わることがあるからです。

また、質問の仕方についても、**初心者は「わからないところがわからない」状態**なので、「何か質問は？」「どう思いますか？」と考える範囲の広いオープンクエッションを投げかけるのは、負荷が大きすぎます。

「人にとって大切なのは、才能、人柄のどちらだと思いますか？」といった選択制の質問や「普段、運動習慣はありますか？」とＹＥＳ・ＮＯで答えられるクローズクエッションで**考える範囲を狭めた質問から始め、負荷を軽くするほうが親切**です。

また、他人事として話を聞くと興味が薄れるので、話の内容を自分の仕事や日常にどう活かすのか、自分の抱える問題をどう解決できそうかといったゴールをイメージしてもらいながら、**自分事として聞いてもらう工夫も必要**です。

初心者であればあるほど、専門用語を使わず、噛み砕いて丁寧に話を進行することが大切です。話し方で失敗する人は、自分を偉く見せようと相手に伝わらない専門用語や難しい表現を使い、相手に恥をかかせて終わります。

相手が理解できなければ、話していないのと同じです。

できる営業は、お客様との打ち合わせで相手がよく使う言葉をメモし、プレゼンや提案書に入れ込みます。

人は理解できると満足します。だから、いつも相手目線で考える人が心を掴むのです。

理解度が満足度になる！

49 聞く気のない相手を振り向かせる

芸人の中田敦彦さんのYouTube大学はとても人気があります。

中田さんは、「興味ない」とガムを噛んでいるような人が思わず見てしまうように話すことを意識して、話を聞くとどんなメリットがあるかを先に伝えるのだそうです。

そして、そんな自身の語り口を「ガマの油売り」だといいます。ガマの油売りは、江戸時代に行商人が侍の格好をしてガマの油（＝傷薬）を「さぁさぁ、お立ち会い、ご用とお急ぎでない方は、聞いておいで」と独特の語り口で通行人の足を止めていました。

これは聴衆心理マトリックスの「**ダルいな無関心ゾーン**」の人に有効な話し方です。

まず、**最初に聴衆にメリットのある話であることを伝える。**中田さんはこのように視聴者の潜在ニーズに火をつけ、「面白そうだ」「知らないと損しそう」と惹きつけるのです。

何気なく目に飛び込んできたＳＮＳ広告で商品を購入した経験はありませんか？

私も、好きなタレントさんが歯磨き粉を紹介しているＳＮＳ広告を見て、それまで興味がなかったのに「毎日の歯磨きでホワイトニングできるなら簡単！」と購入した経験があります。これもメリットを提示され、潜在ニーズを刺激されたからです。

他にも、**プレゼンや会話のつかみとして、相手をハッとさせるのが有効**です。

・呼びかけ・質問

「もっと部屋をスッキリさせたいと思ったことはありませんか？」などと相手が気づいていないニーズを問いかけることで、内面に刺激を与え、関心を引くことができます。

・秘密の共有

「ここだけの話ですが……」「実は……」「正直に言うと」など、秘密を共有するワードを冒頭に持ってくると、人は思わず話に惹きつけられます。秘密を知ることができるという特別感があるからです。

心理学では、**秘密を共有することで強い連帯感が生まれることを「クロージング効果」といいます。**会話でも「ちょっと、ご相談があるのですが……」と小声で相談を持ちかけると、特別感が生まれ、相手との親密度がアップします。

このように**相手にメリットを伝え、呼びかけ・質問をし、秘密を共有するためにも、相手がどんな人で、どんな不安や不便、興味関心を持っているのかを知らなくてはいけません。**いつも相手に心の矢印を向けておくことが大切です。

相手をハッとさせよう！

50 相手の成長欲求に応える

現状に満足せず、新しい知識を更新して自分を成長させたいと思っている聞き手、俗に言う「意識高い系」の人は、聴衆心理マトリックスの「**目新しさ命、上昇志向ゾーン**」の人です。

ここで、話し手に劣等感があると「相手になめられてはいけない」という心理が働きます。悪気なく、相手を納得させようと相手の経験や体験を否定して、自分の理論や話の正当性を主張しようとすると、失敗します。

私も、ある健康系のセミナーで講師から「何か運動をやっていますか?」と聞かれて「ヨガをやっています」と答えた際、「あー、ヨガで体を壊す人多いんですよ」と自分の好きなことを初っ端から否定され、聞く気がなえた経験があります。

セールスでも、お客さまの愛用品を否定して、自社製品が高く評価されることはありません。**人は愛用品や経験を否定されると、自分を否定されたと感じるからです。**

プレゼンでも、自信がない人ほど聴衆の発言を否定しがちなので注意が必要です。相手に恥をかかせないことが大切です。

「ヨガ、いいですね。ただ、中には無理な体の動かし方をして怪我をする人もいるので、そうならないように楽な体の使い方について説明しますね」

などと相手を否定せず、自分の提供する話のメリットだけを伝えればいいのです。

目新しさ命、上昇志向ゾーンの人に話す際は、**自己成長やスキルアップにつながる話や目新しいことを話題にする。**相手の興味がある分野との関係性を伝えることが有効です。**また、現場ですぐに使える具体例や、最新の論文データを使った表現も有効です。ポイントは相手の成長欲求に答えることです。**

料理でもお店で出すものと家庭料理では食材の量や盛り付けが変わるように、聴衆に合わせて、仕事や活かしたい分野の知識と紐付けて説明をしたり、裏技的なコツをお伝えすると喜ばれます。

また、このゾーンの人は経験があるので、参加者同士のグループで今回提供した情報を実際の現場でどう活かすか話し合ってもらうと、アイディアがいろいろと出てきます。

新しいアプローチや事例を伝えよう！

51 ベテランが身を乗り出して聞く話し方

「また、どうせ同じような話でしょ」

「だいたい知ってるよ。今さら私が聞く必要ある？」

といった、しらっとした空気を醸し出している経験豊富な人たちの集まりで話すのは、なかなかハードルが高いものです。

これは聴衆心理マトリックスの「**百も承知ですゾーン**」にいる人です。

知人のマナー講師は、自分より年上で礼儀作法に厳しいシニア層に、マナーの話をするのが一番緊張するそうです。そして、初めに「釈迦に説法の部分があるかと思いますが……」とまず相手に敬意を払うといいます。

プレゼンやセミナーでも、経験豊富な人に対しては、**まず相手に敬意を払い、プライドを傷つけない工夫が必要です。**

そして、**話のテーマとしては、ヒヤリハット（＝危ないことが起こったが、幸い災害には至らなかった事象のこと）や慣れが大きなミスにつながった事例が有効です。**

どんなに仕事に慣れた優秀な人でも、焦ることや注意が散漫になることはあります。「慣れているから大丈夫だろう」がミスにつながることも多いものです。

新人なら上司がチェックしたり、そもそも重要な案件を任されたりしないのですが、ベテランになればなるほど自分以外のチェックが入らないので、大きなミスにつながります。

そうした**自分の身にも降りかかるかもしれない災難を避けたいという気持ちは、誰でも持っています。**そこを押さえておくと、あなたの話は聞いてもらいやすくなります。

知人の税理士や歯科医は、毎週専門誌を読み、損害賠償請求を受けた事例などをチェックし、自分のミスに対するセンサーを強化し、スタッフへ伝え、注意喚起しています。

「人の振り見て我が振り直せ」といいますが、自分にも起こりえる他者の失敗・災難を見ることで、自分も気をつけようと思うのです。

だからベテランドライバーが集まる免許更新講習では、交通事故や飲酒運転で仕事や家族を失ってしまう重大な過失を放映するのです。

ベテランには、失敗事例から話すのが有効です。

敬意を払いつつ、ヒヤリハットを伝える!

52 クレームを防ぐ会話術

もし、クレームを未然に防げれば、ストレスはかなり軽減されるのではないでしょうか？

言い方ひとつで、クレームに発展することを避けることができます。

たとえば、ホテルや貸し会議室・カラオケボックスなどで利用時間が過ぎているお客様に対して、「ご利用時間が過ぎておりますので、退室をお願いします」と言うと「今、出るところだよ！　ちょっと時間過ぎたくらいで、急かさないでくれ！」とクレームにつながる可能性があります。

しかし、次のような会話ではいかがでしょうか。

受付「恐れ入ります。ご利用時間が過ぎておりますが、ご退出の準備はいかがでしょうか？」

お客様「ちょっと、探し物をしていて……。すぐ、出ます！」

受付「何かお手伝いできることはございますか？」

お客様「大丈夫です。ありがとうございます」

ポイントは、お客様をルールで裁くのではなく、お客様の状況を確認し、配慮することです。**こちらが配慮したら、お客様も配慮してくれるのです。人には、相手に譲ってもらうと自分も譲歩したくなる「譲歩の返報性」という心理があるからです。**

だから、「ご退出お願いします」とお客様に選択権を与えず、ルールだからと問答無用で従わせようとすれば、お客様も自分の都合を押しつけ返したくなります。

そして、人は命令されるのが嫌いです。自分の意思決定で行動したいのです。

相手に選択権を与える声かけができれば、クレームに発展しにくくなります。

A「ご退出お願いします」↓直接的な命令で選択権もなく、反発を覚える

B「ご退出お願いできますでしょうか？」↓間接的な命令で、同意しやすい

Bの語尾は質問形で、相手に選択権を渡して相手の自己重要感を満たすことで、自主的に協力したいという気持ちを抱きやすくします。

実はこれも、間接的には命令です。**「命令挿入」といい、天才催眠療法家のミルトン・エリクソンが、潜在意識に働きかけ、抵抗なく同意を得るために使っていた言葉**です。

①お客様に配慮する　②語尾を質問形にするという、相手目線の2点を意識するだけで、クレームを未然に防ぐことができるのです。

先に譲歩しよう！

53 火に油を注がない

クレームをおっしゃるお客様は、怒っているのではなく、困っているのです。困った人に手を差し伸べることは、思いやりです。だから、**クレーム処理はあなたの思いやりを見せる場面**なのです。

自分を守ろうと言い訳をしたり、相手の落ち度を指摘したりするのは、火に油を注ぐようなものです。まず、相手に冷静になってもらえるように、話を共感的に聞きましょう。

《共感》

「おっしゃる通りでございます」「さようでございましたか」「ごもっともでございます」とお客様の気持ちに共感することで、相手は自分の気持ちをわかってくれたと安心します。

《部分謝罪＋行動》

「ご迷惑をおかけして申し訳ございません」「気がつかず申し訳ございません」などとお客様にお詫びした後に「すぐに確認します」「すぐにお持ちします」と行動に移すことで誠意を示します。すべてに謝罪するのではなく、お客様を不快にさせたことなどに部分的に謝罪する分には、責任問題に発展しません。

《相手目線の言葉選び》

「この商品は返品・交換できません」↓「申し訳ございません。あいにく返品期間を過ぎており、返品・交換ができかねます。ご理解いただけますでしょうか？」

「私ではわからないので、担当者に代わります」↓「○○の件でございますね。詳しい担当者に代わります」

できる販売員さんは、クレームに対して「説明書のここに書いてありますよね？」とは絶対に言いません。じっくりお客様の話を聞き、大声で怒鳴る相手には「ご不便をおかけして申し訳ございません！」とこちらも勢いよく謝罪し、ペーシング（同調行動）します。

説明書を挟んで向かい合って話すのでなく、お客様の横に移動し、同じ目線で説明書を見て「実は、わかりにくいと思うのですが、こちらに書いてあるんです……。説明書なんて、なかなか隅々まで目を通さないですよね」と**敵対せずお客様と同じ目線で話すと、相手の怒りも鎮まり、満足されることが多いそうです。**

納得させることは至難の技でも、満足させることは可能です。そのために冷静さを取り戻させる共感・謝罪・相手目線の言葉を選ぶことが必要なのです。

納得ではなく、満足を目指す！

第 5 章

話す前の心得編

54

会話の量と密度のバランスをとる

会話が苦手な人は、会話の量や密度に鈍感です。

一方的に話したり（＝量が多い）、関係が深まっていない人に深刻な悩み（＝密度の高い話）を話してしまっています。

交流分析には、人の関わりや親密さのレベルを分ける「**時間構造化**」があります。**閉鎖・引きこもり↓儀式・儀礼↓雑談・気晴らし↓活動・仕事↓心理ゲーム**（ネガティブなコミュニケーション）**↓親密・親交**の順番に、だんだんと会話の量や密度が上がり、深い人間関係を構築できるといわれています（心理ゲームは除く）。

閉鎖・引きこもりは、誰とも話さず自分の殻に閉じこもった状態です。同時に自分に向きあい、精神的エネルギーを充電する時間でもあります。充電して元気を取り戻すことで、また誰かに優しくしたり、積極的に交流することができます。

だからイギリスの歴史家エドワード・ギボンも「対話は理解を深めてくれるが、孤独は天才の学び舎である」と言っています。

とはいえ、ずっと**閉鎖・引きこもり**を続けるのはよくありません。交流分析の父、エリッ

郵便はがき

恐れ入りますが
切手を貼って
お出しください

112-0005

東京都文京区水道 2-11-5

明日香出版社

プレゼント係行

感想を送っていただいた方の中から
毎月抽選で 10 名様に図書カード(1000 円分)をプレゼント！

お名前《ふりがな》		
ご住所	郵便番号 (　　　)	電話 (　　　)
	都道府県	
メールアドレス		

＊ ご記入いただいた個人情報は厳重に管理し、弊社からのご案内や商品の発送以外の目的で使うことはありません

＊ 弊社 WEB サイトからもご意見、ご感想の書き込みが可能です。

明日香出版社ホームページ　https://www.asuka-g.co.jp

ご愛読ありがとうございます。
今後の参考にさせていただきますので、ぜひご意見をお聞かせください。

本書の
タイトル

年齢：　　　歳	性別：男・女	ご職業：	月頃購入

● 何でこの本のことを知りましたか？
① 書店　② コンビニ　③ WEB　④ 新聞広告　⑤ その他
(具体的には →　　　　　　　　　　　　　　　　　　　　)

● どこでこの本を購入しましたか？
① 書店　② ネット　③ コンビニ　④ その他
(具体的なお店 →　　　　　　　　　　　　　　　　　　　)

● 感想をお聞かせください

① 価格	高い・ふつう・安い
② 著者	悪い・ふつう・良い
③ レイアウト	悪い・ふつう・良い
④ タイトル	悪い・ふつう・良い
⑤ カバー	悪い・ふつう・良い
⑥ 総評	悪い・ふつう・良い

● 購入の決め手は何ですか？

● 実際に読んでみていかがでしたか？（良いところ、不満な点）

● その他（解決したい悩み、出版してほしいテーマ、ご意見など）

● ご意見、ご感想を弊社ホームページなどで紹介しても良いですか？
① 名前を出して良い　② イニシャルなら良い　③ 出さないでほしい

ご協力ありがとうございました。

ク・バーンは人の精神衛生を維持するには絶え間ない感覚刺激＝ストロークが必要だと言いました。人は会話や、ふれあいがない毎日には耐えられないのです。

そこで、簡単に閉鎖・引きこもりから脱するための次の段階が**儀式・儀礼**です。「おはようございます」「お疲れさまです」といった挨拶など、決まったフレーズでコミュニケーションが成り立ちます。

会話の予測が可能で、密度は薄くても否定的な言葉のやりとりが発生しづらく、安全に交流できます。挨拶は、「私はあなたがそこにいるのを知っています」という存在認知を示し、安心感を与えます。

モノマネ芸人の松村邦洋さんの座右の銘は、「挨拶にスランプなし」だそうです。仕事に出来不出来はあっても、挨拶はいつでもしっかりできるという意味です。挨拶を欠かさない松村さんは、モノマネする対象者に怒られたことが一度もないそうです。

自分から挨拶するという簡単なことで、人はあなたに好感を抱くのです。

親密さへの第一歩は挨拶から！

55
質問で相手にマイクを向ける

交流分析の**儀式・儀礼**である挨拶の次のステップは、**雑談・気晴らし**です。家族との日常会話、知人との立ち話、同僚と飲みに行って話す、などが該当します。

暗黙のルールで、話を根掘り葉掘りは聞かないので、会話の密度は薄くなりますが、肯定的なやりとりが続きやすく、楽しく過ごせるのが**雑談・気晴らし**の段階です。

雑談は浅いレベルの話をすることです。役に立つ内容でなくていいのです。盛り上げようとして緊張すると、それが相手に伝わり、会話がぎこちなくなります。だから、楽に話せるちょっとした話題でいいのです。

上司やお客様、好きな人とする雑談であがってしまう人は、普段から飲食店でおすすめのメニューを聞く、タクシーの運転手さんと世間話をするなど、**雑談に慣れる**ことが大切です。

さらに雑談が続くポイントは次の３つです。

①挨拶や相槌、頷きに続けてひと言付け加える
②相手の関心事や明るくポジティブな話題を選ぶ

③自分より相手に多く話してもらう

次の会話で、3つのうち、一番会話が弾むのはどれでしょうか？
相手「隣に商業ビルがオープンしましたね」
A　返答のみ「そうですね」
B　ひと言感想「そうですね（相槌）。私も昨日行ったら、大混雑でした（感想）」
C　ひと言質問「そうですね（相槌）。もう行かれましたか？（質問）」
インタビューにたとえると、Aはマイクなし、Bは自分がマイクで話している、Cは相手にマイクを向け、関心事について質問しています。

質問とは、相手にマイクを向ける行為です。後は相手が話した内容についてインタビューするだけで、相手は気分よく話してくれます。あなたが無理に話題を考える必要はなく、気楽に会話が続くのです。

一流の話し手は、自分でなく相手に話をさせます。街頭インタビューのように、いつでも、誰にでもマイクを向けることを習慣にしましょう。


簡単な質問をしよう！

56

会話の安全地帯をつくる

時間の構造化の**活動・仕事**の段階は、仕事や家事を行う場面での、目的がある会話です。成果をあげつつ風通しのいい職場にするには、心理的安全性（発言を拒絶される、罰せられることがない状態）が大切です。そのためには、次の点を意識しましょう。

①ダメ出しではなく質問をする

「この部分ができていない」と指摘するのではなく「こんな問題が起こった場合はどうする？」と質問すると、相手に恥をかかせることなく気づきを与えることができます。

②代替案を用意する

ケチをつけることは誰にでもできます。反論するときは「こうするのはどうでしょう？」と必ず代替案を伝えることで、建設的な意見交換になります。

③意見ではなく事実を述べる

意見は主観的です。（例：小さい穴が空いている・あの人は口が悪い）

事実は客観的です。（例：２センチの穴が空いている・あの人がバカと言った）

仕事での報告・連絡・相談は、事実で行う必要があります。意見ではなく事実を伝えるためには、数字を用いて「発送まで一週間かかります」などと具体的に伝えます。

④相手の意見を否定せずに聞く

心理実験でも、相手に話させる時間が多い人ほど好かれるという結果が出ています。否定せずにまず耳を傾けましょう。

これらは職場での情報共有の際に必要なことですが、中には「職場では仕事に関係ない話はしたくない。雑談は不要」と考えている人もいます。

しかし、できるリーダーほど雑談を大切にしています。

『心理的安全性　最強の教科書』（東洋経済新報社）の著者ピョートル・フェリクス・グジバチ氏は、雑談は相手の状態を知るための「診察」だと言っています。雑談の中で、相手の状況を知り、どのようなサポートが必要かがわかるからです。

商談から帰ってきた部下に「疲れたんじゃない？　コーヒーでも飲む？」と声をかければ、相手は気にかけてもらえたと安心できます。

雑談を織り混ぜながら仕事に必要な会話をすることが大切です。

心理的安全性を高める会話をしよう！

57 心の空腹に御用心

周りにいる「いつも喧嘩している人」「詮索好き」「クレーマー」は、「心理ゲーム」をしているのかもしれません。

心理ゲームとは、交流分析の定義で、最終的に嫌な気持ちで終わるのに繰り返してしまうコミュニケーションの癖のことです。

交流分析の父エリック・バーンは、人の精神衛生の維持には、絶え間ない感覚刺激（＝ストローク：刺激・ふれあい・やりとり）が必要だと言っています。

職場や家庭で思いやりのある肯定的なやりとりができればいいのですが、それが難しいと、否定的なやりとりでもいいから欲しいと思うのが人間です。無視されるより、嫌われ、叱られるほうがマシなのです。この状態を「ストローク飢餓」といいます。

親子で買い物に来ていて、親が知人と立ち話を始めると、子どもは構ってもらえず（＝ストローク不足に陥り）、だんだんと退屈し、親の服を引っ張ったりいたずらをしたりして、最終的に叱られることがあります。

無視されるよりは叱られたほうがいいという、ストローク飢餓から生まれる代表的な心

理ゲームです。

他者の嫌がることをしたり、遅刻や規則違反などを繰り返し、処罰される立場に自分を追いこむのは、「キック・ミー（私を蹴って）」という心理ゲームです。

後輩「先輩はいつもニコニコしてて、社内の皆さんと仲いいですよね？」
先輩「そうかな？　接客業だから自然に笑顔になるのかも」
後輩「最初、いつも笑っていて、何を考えてるかわからない人だなって思いました」
先輩「……（嫌なことを言う人だな）」

この会話は、仲間に入りたいと望みながら、疎外されるような状態を自分でつくっています。その理由には、無意識に①業務上の会話より、喧嘩をふっかけたほうが相手が密に関わってくれるという考え②仲間になれない（実際は自分から身を引いている）と考えることから来る羨望や嫉妬③自分の低いセルフイメージに見合う扱いを受けるように振る舞うことなどが挙げられます。

このような心理ゲームを仕掛けないようにするためには、自分の内面を整えていく必要があります。また、挨拶や承認を心がけ、相手をストローク飢餓にしないことも大切です。

ネガティブなコミュニケーションをしない！

58 「はい。でも……」会話に注意

心理ゲームには何種類かパターンがあり、よく行われるパターンを理解しておくと、人間関係をこじらせる原因になる話し方を避けることができます。

解決策を求めておきながら、アドバイスされると「はい。でも……」と反論して一向に行動に移さない、交流分析で「はい。でも」の心理ゲームと呼ばれるものがあります。

部下「夜は携帯ばかり見てしまって、朝起きられなくて困っています」

上司「寝る2時間くらい前だけでも、携帯ではなく、本などを読んだら？」

部下「はい。でも……本を読むのは苦手で……」

上司「朝、決まった時間に起きて朝日を浴びると自然と夜は眠くなると思うよ」

部下「はい。でも……目覚ましをかけてもすぐに消しちゃうんですよ」

この「はい。でも」の心理ゲームは、相手の同情や関心を得ることができます。さらに意思決定や行動をする必要もなく、現状維持ができるので楽なのです。

潜在意識には、現状維持しようとするメカニズムがあります。太古の昔、人々は洞穴から急に飛び出すと獣に襲われる可能性がありました。だから行動し、変化することは危険と感じるのです。

体温を維持して健康を保つように、昨日までこの体型、この考え方で生きのびてこられたので、それを維持するほうが安全なのです。ダイエットを決意しても、リバウンドするのは、現状維持メカニズムがあるからです。


人は変化を恐れる動物なので、何か始めるには大きなエネルギーが必要です。だから、変化を求められる言葉には「はい。でも」で反抗しやすいのです。


「はい。でも」を使うことで、相手に「助けようとしても、あなたには私は助けられませんよ」と感じさせて無気力にし、体裁よくやっつけることもできます。

もし、自分が「はい。でも」ゲームをしているなら、自分自身が変化を恐れていることに気づき、会話は勝負ではないと意識しましょう。

ゲームを仕掛けられた場合は、アドバイスはせずに「あなたはどう解決しようと思っているの？」と質問でゲームを回避しましょう。

自分も相手も疲弊させない！

59 自分と親密になる

「あなたもＯＫ」「私もＯＫ」とお互いを尊重して思いやり、共感や愛情を持って接することで、居心地のいい真のコミュニケーションができます。すると、自然と肯定的な会話が増えます。

親交・親密の段階は、自分と他者と社会の３つに対して親密になることです。

《自分》

自分と親密になるとは、あるがままの自分を受け入れ、大切にすることです。

そうでなければ、「自分はダメ人間だ」と挑戦する前から諦めたり、他人から承認を得ようと必死になります。

さらに、ダメな自分を隠すために他者の粗を探して、結局は誰とも親密になれません。

たとえば、「簡潔に話せない自分はダメだ」と思っていると、自分や他人の会話に厳しくなります。だから、話が長い人と話すとイライラします。

自分へのダメ出しをやめ、どんな自分も受け入れることで自他ともに愛することができるのです。

《他者》

ランニングや絵を描くことは自分ひとりでもできますが、親密さには他者が必要です。親しくなるためには、自己開示をし、他者に優しさや愛情を持って話すことが大切です。哲学者のニーチェも「あなたにとって最も人間的なことは、誰にも恥ずかしい思いをさせないことである」と言っています。誰もが自分を尊重してほしいと願っているのです。

《社会》

あなたの夢は無人島でも叶いますか？　きっと難しいですよね。

世間に背を向けても、仲間や協力者を得ることはできません。交流分析では、活動・仕事の領域であるボランティアや家事、仕事などの社会活動に参加し、承認を得ることで、だんだんと親交・親密な関係を築けるとされています。

心理学の巨匠アルフレッド・アドラーも「人は居場所がないと感じると精神を病んだり、アルコールに溺れる。他者に貢献することで居場所を確保すればいい」と言っています。

自分へのダメ出しをやめると、自分だけでなく他者や社会にも優しくなれます。だから、

最大の社会貢献は自分と親密になることなのです。

自分へのダメ出しをやめよう！

60 愛の言葉を話す方法

自分を愛していなければ、誰も愛することはできません。

自分を愛していなければ、愛のある言葉を人にかけることはできません。

自分を嫌っていると、誰かが小声で会話をしているだけで「きっと自分の悪口を言っているのだ」と勘違いしてしまいます。

すると「ちょっと、何コソコソ話してるの！」と相手に投げかける言葉がキツくなります。もし、自分を嫌っていなければ、「何話しているの？（笑）私にも教えてくれる？」と明るく問いかけることもできます。

自分を愛し、「自分はできる」「きっとうまくいく」と高いセルフイメージを持っている人のほうが、堂々と人に話しかけることができます。

「どうせダメに決まっている」と自分への嫌悪感でいっぱいの低いセルフイメージを持っている人は、人になかなか話しかけられません。

そして、嫌いな自分をなんとか変えようと努力します。それは、礼儀正しくする、勤勉になる、容姿にこだわるなど、様々な分野に及びます。

すると、自分が我慢をしていることや努力していることをやっていない人にイライラするようになります。

「なぜ、大きな声で挨拶できないんだ！」

「もっとわかるように説明すべきだろう！　君では話にならない、上司を呼んで来い！」

「もう少し痩せないとモテないよ」

などと、相手を傷つけるような余計なひと言を言ってしまいやすくなります。

自己嫌悪という毒は、心の奥底から生まれ、やがて言葉として口からこぼれ落ち、自分だけでなく相手もその毒に侵されてしまうのです。

「マナーを守るべき」「人にはこう接するべき」という「〜すべき」という価値観は、常識や正義感のようでいて、あるがままを自分にも相手にも認めない取り締まりなのです。

自分に我慢を強いている人は、相手にも我慢を強要してしまいます。

だから、どんな自分もあるがままに受け入れると、相手の価値観や個性にも敬意を払い、相手を尊重した言葉が話せるようになります。自分を受け入れる人だけが愛の言葉を話せるのです。

あるがままの自分を愛する！

61 信念が制限を生む

口は災いの元と言いますが、言いすぎて喧嘩になったり、「うまく言えなかった……」と本音を言いそびれて誤解を招いたことはありませんか？

その言動や行動は、あなたの信念・価値観が左右しています。

たとえば、「人に迷惑をかけてはいけない」という信念・価値観がある人は、いい面としては、何事も責任感を持って行動できます。

反面、困っても「助けて」と言えません。また、遅刻をしたり、人に迷惑をかける行為をする人に怒りを感じ、「人に迷惑をかけないように、ちゃんとやれよ！」ときつく当たってしまう場合もあります。

人は自分の信念・価値観に触れると感情的になるからです。

信念・価値観は過去の体験から良いと信じて、人生で守るべき指針として無意識に採用したものばかりです。だから**信念・価値観は行動する時の動機＝モチベーションになります。しかし、同時に制限にもなるのです。**

子どもの躾として使われ、自分の価値観になってしまいやすいものが、交流分析の「ドライバー」です。ドライバーは自分を駆り立てる心の中の声（＝制限）であり、呪縛的メッセージでもあります。

ドライバーには、次の5つがあります。

①完璧であれ
②一生懸命やれ
③他人を喜ばせろ
④急げ
⑤強くあれ

子どもは親の保護がなければ生きていけません。だから、親の期待に応え、愛されようとして、親の言葉＝親の価値観に合った行動さえしていればOKという信念が生まれるのです。しかし、それが叶わないときに怒りやストレスを感じ、人間関係もこじらせてしまいます。

まずは頭の中で鳴り響くメッセージに気づくことで、プレッシャーから解放されて話ができるようになります。

呪縛的なメッセージに気づこう！

62 完璧主義から適当主義へ

「ちゃんと」「しっかり」「きちんと」という言葉が口癖になっていませんか？
・完璧にやろうと準備に時間をかけすぎて、結局、書類の提出期限に遅れてしまう
・しっかり正確に話さなければと思い、肩に力が入って緊張する
・「間違いありませんね？」と念を押されると自信がなくなってしまう

これは、交流分析の5つのドライバーの中の1つ「完璧であれ」を持っている人の特徴です。完璧でなければと思うあまり、堂々巡りが続き、焦るだけで行動が伴いません。

完璧主義には次の2つのパターンがあります。

①不適応的完璧主義：高すぎる目標を掲げていることに気づかない。他者評価や失敗に過敏で不安が強い。自己批判的。挑戦を回避し、先延ばしにする傾向が強い。

②適応的完璧主義：達成可能な目標を掲げる。失敗や他者評価を過度に気にしない。計画を立て、積極的に努力する。

「絶対に相手の気分を害してはいけない」「人前でもしっかりあがらずに話さねばならない」と考えて、緊張していませんか？　これは、不適応的完璧主義の考え方です。自分に

プレッシャーをかけて視野を狭くし、行動を制限します。

本来は、どんな相手や場面でもパーフェクトに話せるという人はいません。にもかかわらず、この考え方で高すぎる目標を立て、「なぜ、もっとうまくできなかったのか？　本当に自分はダメだ」と自分を責める人がいます。その結果、次に挑戦する機会が来ても勇気が持てず、先延ばしにします。しかも失敗の確率が上がります。**人はリラックスするから本領を発揮できるのです。**

そして、**人は弱みで愛されます。完璧は威圧的で近寄り難いからです。だから、「完璧であれ」の呪縛を解くには、「ありのままの自分でOK」と気負わないようにすることです。**

「いいかげんはちょうどいい加減」といいますが、「とりあえずやってみよう！」「まいいか！」と適当に話したほうが、人はプレッシャーから解放されて必要なことに注力でき、幸福度が上がります。

ある研究では、幸福度が高い人のほうがそうでない人より、創造性は3倍になり、生産性は31％上がるという結果が出ています。魅力的に話せる人は完璧主義でなく適当主義で、「適当が最高！」だと、リラックスして幸福度高く話せる人なのです。

リラックスして話そう！

63 頑張りすぎは骨折り損のくたびれ儲け

「頑張ります」「努力します」といつも両肩に力を入れて話していませんか？

幼い頃に「上には上がいるからもっと努力しなさい」などと言われ続けた人は、大人になってもとにかく一生懸命やれば結果が出ると信じています。

これは、交流分析の「一生懸命やれ」のドライバーを持っている人の特徴です。仕事を頼まれると断れず、「いつも、私だけこんなことが起こる」「大変だ」とアタフタします。

簡単なやり方では価値がないと考えて難しい手法をとるため、最後までやり遂げられないことが多く、何かを頼まれると、実行できない可能性があるので「やってはみますが……」と責任をぼかす言い方をすることもあります。

与えられた任務を一生懸命遂行しようとしますが、どこまでやっても満足も楽しむこともできず、疲労感や虚しさが募ります。その結果、頑張っても努力がずれていて残業ばかり。疲弊し、意欲や思いやりを失うことさえあります。

さらに、現実と理想のギャップを感じ、不足に目が行きがちです。**不足を埋めなければという不安から行動する努力は、あなたの内側に緊張をもたらします。**「何が足りないか？」

ではなく、「すでにできていることは何か？」と解決志向で考えることが大切です。

会話でも相手を退屈させまいと空回りし、一問一答の質問をして会話が途切れてしまうことも。「出身地は？」「趣味は？」「休みの日は何をされているんですか？」「好きな食べ物は？」などと矢継ぎ早に質問するのは、取り調べと同じです。

「趣味は？」と聞いて、たとえば相手が筋トレと答えたら、ジムに週何日行くのか↓プロテインは飲むのか↓大会を目指していのるかなど、相手の答えから深掘り質問をするようにしましょう。

自分が何を言うかではなく、相手が何を答えたかに注意を払わなければ、深掘り質問はできません。

頑張って話すのではなく、楽しんで相手の話を聞くことで、相手の興味・関心がわかります。すると、無限に深掘り質問ができるので、会話が途切れることがないのです。

会話を「頑張る」のではなく、「楽しむ」ことを意識しましょう。

会話で「頑張る」ことをやめよう！

64 気疲れしない話し方

「ねぇ、そうでしょ?」と同意を得るように話をしたり、「これでよろしいでしょうか?」と機嫌を伺うように身を乗り出して話したりしていませんか?

幼い頃から「親孝行しなさい」「人に親切にしなさい」と自分を犠牲にして他人を優先するように言われて育つと、人に過剰に尽くすようになります。

会話でも同意の頷きが多く、褒められて目立つと後でやっかみを受けるのではと心配します。

これは、交流分析の「他人を喜ばせろ」のドライバーを持っている人の特徴です。人を喜ばせるのが心から好きな人は問題ありませんが、評価を気にして相手の顔色ばかり見ていると、生きるのが窮屈になります。本心ではやりたくないので、神経をすり減らすからです。

特に愛情飢餓感が強い人は、気に入られようと感情を押し殺して相手に合わせます。我慢のしすぎで「いい加減にしてよ!」と爆発したり、鬱状態になることもあります。

自然な感情を隠すと、人は不安で不自然になります。本心が触れ合わない人は本当の意味での親交・親密な時間を過ごせません。人はその人らしさに惹かれるからです。

「気を遣われすぎると、こちらも気を遣って疲れる……」という人が多いのは、脳にはミラーニューロンという、鏡のように他者の行動を見て、自分が行動したかのように脳内で反応する神経細胞があるからです。**不自然な気遣いは、無意識に相手に伝わるのです。**

「揉めないように」「嫌われないように」「失礼のないように」「いい人だと思われるように」などと**嫌われまいと卑屈なほど相手に尽くすのは恐れであり、保身です。**見返りを求める愛を仏教では渇愛といい、そこには本当の愛がありません。

「相手が喜んでくれてホッとした。これで自分は嫌われない。見捨てられずに済む」と感じる人は、無意識に自分自身を嫌っています。その心を相手に投影させ、認めてもらおうと必死になるのです。まず、いいところもダメな自分もすべて受け入れて自分にＯＫを出し、「自分を大切にしてもいい」と許可を出しましょう。

「〜せねば」と恐れではなく、「〜したら喜んでくれるかな？」と見返りを求めず、心からあふれる愛で話し、行動すれば人は疲れないのです。

恐れではなく愛から話す！

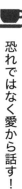

65
焦りの時限爆弾を解除する

何度も時計を見て、貧乏ゆすりしながら「早く、早く」「時間がない」と言うことはありませんか？　これは、交流分析の「急げ」のドライバーを持っている人の特徴です。

幼い頃から「早くしなさい」と急かされていると、どんなときでも「今すぐにやらなくては」と自分も周囲の人も急かすようになります。

早口、早食い、早歩きの傾向があり、急いでいるときに邪魔が入るとイライラします。人が話していても、途中で「それって、こういうことでしょ？」と口を挟んだり、話し終わる前に立ち去ろうとしたり、せっかちです。

待ち合わせに遅れそうなときや提出物の締め切りが迫ったときなどに感じる「時間がない」「時間が足りない」というプレッシャーを、時間的切迫感といいます。

できるリーダーは、社内メールや会議でも「大至急」「緊急」などのチームメンバーに心理的な圧力をかける言葉を使いません。**本当に素早く物事を完了させたいと思ったら、「早く、早く」と言って時間的切迫感を感じさせるのではなく、正確な期日を告げ、「ゆっくり、落ち着いてやればいい」と励ますほうが効果的**だからです。

他にも、時間経過に対する強迫観念である時間不安があると、上司から「今週中に」と書類の提出を頼まれた場合の、頭の中のひとり言と対応が変わります。

①「また仕事が増えた！　あれもこれもしなきゃいけないのに、どうしよう……」

②「今すぐ出せって言われなくてよかった。優先順位を考えて落ち着いてやろう」

①のように「あれも、これもやらなくては！」と焦る人は、時間不安が強い人です。不安からあらゆるものに手を出し、安心感を求めます。しかし、本来やるべき最優先事項に強いストレスを感じ、先延ばしにする傾向があります。それではうまくいきません。

まずは、頭で連呼する「早く、時間がない」という声を深呼吸して落ちつかせ、「じっくりやればいい」と自分に暗示をかけます。他者に対しても、「早く」と急かすのは厳禁です。

「何をやるか」ではなく「何をやめるか」を考え、マルチタスクをやめて今ここに集中することで、「急げ！」という焦りの時限爆弾を解除することが、自分や周りの人のためにも大切です。

「早く」「大至急」という言葉を封印する！

66

虚勢は依存の隠れ蓑

「人に迷惑をかけてはいけない」がスローガンになっていませんか？

「すぐに泣くんじゃない」「我慢しなさい」「強く生きるのよ」などと弱音を吐くことを禁止されて育つと、人に弱みを見せたり、甘えたり、頼ることができなくなります。

親分肌で、両手、両足を組んで不動感を出し、内心焦っていても感情を出しません。

「あの人の態度は私をイライラさせる」「この映画には退屈させられる」など、自分のことを話す際に、自分と感情を切り離して他人事のように話すのは、交流分析の「強くあれ」のドライバーを持っている人の特徴です。

すべての感情に「強くあれ」で蓋をしている人は、喜怒哀楽自体を感じられず、無表情で単調な口調で話します。**感情表現を禁止して自立的に振る舞うと、人に甘えたり、頼ったりすることに強い抵抗が発生します。**そのため、心の海の底に沈めた感情を口にしようとすると、怒りのエネルギーが生まれる場合があります。

「何で家にいるのに片付けていないんだ！」「家事より友達付き合いを優先するな！」などと怒鳴る夫は、妻への依存心と承認欲求が隠されています。

怒りは第二感情です。第一感情は相手への期待です。「自分は仕事を毎日頑張っているのに、なんでわかってくれないんだ」「もっと自分を大切にしてほしい」という期待であり、甘えが潜んでいるのです。

感情表現を抑圧している人は、「もう二度と傷つきたくない」と無意識に心のシャッターを閉じて自立を目指します。しかし、過剰な自立心は、他者に振り回されず、すべてを自分でコントロールしたいという欲求を生みます。コントロールできないものは不安なので、相手を支配しようと人間関係に上下関係を持ち込むのです。

しかし、**本当の自立とは、自分でできることはやり、できないことは人に頼める強さがあることです。**無理をして、なんでも自分で抱え込むことではありません。

心理学者の加藤諦三先生は「人間は怒りと寂しさの処理で人生を間違える」と言っています。だから、気持ちを上手に口にできる人が、幸せな人生を生きられるのです。

「感情はありのまま表現していい」と自分に許可を出し、素直に助けを求める、甘える練習が必要です。このドライバーを持っていると感じたら、まずはアサーティブに「お願いできる？」と他者に簡単な頼みごとをしてみましょう。

頼みごとをしよう！

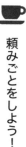

67
会話の急停止は事故のもと

「最後まで聞いてください！」

クレームや口論の最中によく耳にする言葉です。人は話を遮られると、自分を否定されたと感じます。

以前、プリンターのカスタマーセンターに電話した際、私の話を聞いた担当者は、まず「ご不便をおかけして申し訳ございません。〇〇は……」と、困っているユーザーの不便を労ってくれました。これだけで安心でき、その後の対処法を冷静に聞けます。

まずは、**相手の話を最後まで聞いて、気持ちを汲むことが最優先事項**です。話を遮るのは争いの元です。

「自分に責任を負わされたくない」といった恐怖心から、相手を負かすように話す人もいます。しかし、クレームに発展させない人は、最後までお客様の話を聞き、気持ちに共感できる人です。

普段の会話では、悪気なく「強制終了ワード」を使ってしまう場合があります。「は？」「で？」「もう、結構！」「黙って！」などは、相手の言動や存在そのものをディスカウント（＝値引き）した言葉です。これらの言葉を使われると、相手は話す気がなくなります。

「もしかして、〇〇ですか？」と質問されて「いや、そうじゃなくて……」と否定から入る人も、会話が続きません。

「う〜ん（考えこむ）、実は▲▲なんです」「えーと、〇〇というより▲▲に近いですかね」のように**冒頭を否定語にしない**のがポイントです。

カウンセリングの基本は受容と共感です。

受容とは、自分の評価判断を加えずに相手の考えや感情を「あるがまま受け入れる」ことです。共感は相手の「喜怒哀楽の感情」を共有すること、相手の感情を自分も同じように感じようとすることです。

この2つを大切にすると、相手を「わからずやだ」とディスカウント（＝値引き）することも、「くだらないことを言うやつだ」と否定することもなくなります。

すると、自然に争いやクレームから遠ざかることができます。誰でも自分を大切に扱ってくれる人に心を開くからです。

相手の話を遮らない！

68

心を満ち潮にする

誰にでも昼夜を問わず、にこやかに饒舌に話さなければと考えていませんか？
それは到底無理な話です。充電をしていないスマホがすぐ使えなくなるように、人も休息し、精神エネルギーを充電しなければ、気力がなくなってしまいます。

繊細な気遣いをしながら話す人ほど、花が朝に咲き、夜に閉じるように、ひとり静かに休む時間が必要です。

体調がよくない、仕事や家事で疲れている、寝不足で頭が回らない等、気分が乗らないときは、ひとりで休息を取りましょう。

気分が乗らない集まりも断れないという人がいます。何か面白いことが起こったらもったいない（損得）、他の参加者が何を話すかが気になる（不安）という理由からです。

しかし、損得で動いても、疲れてイライラしたまま会話をして口喧嘩になったり、不機嫌な態度をとってしまって関係を悪化させるなど、結局楽しむことができないものです。

また、「自分の噂話をされるのでは？」と不安に駆られて参加すれば、次の回もその次の回も気乗りしなくても参加することになります。不安からの行動は、さらにその行動を強化する傾向があるからです。

他にも、「予定がないのに断るのは申し訳ない」という理由でイヤイヤ参加する人は、過剰に相手に気を遣って、自分をおざなりにしています。

「いつでも、どんなときも親切で、相手の期待に応えなければならない」という信念は、一見よいようで、自分にとっては拷問です。

私たちが持つ精神エネルギーには波があります。エネルギーが満ち潮のときは、誰かと会話し、愛を与えたり受け取ったりすることは容易です。しかし、引き潮のときは無理に誰かと交流したりせず、ひとりの時間を持って英気を養うことが大切です。

自分を大切にしている人のほうが、他人に八つ当たりすることなく優しくでき、相手の関心事に注意を払いながら会話ができるのです。

ひとりの充電時間を持つ！

第 6 章

人を動かす話し方編

69

警戒心を解く質問

知人のコンサルタントは、現場の改善のために担当者に話を聞こうとすると、最初は警戒されるといいます。相手は「粗探しをされるのではないか？」と不安を感じるからです。

コンサルタントが、現状を知るために「なぜ、この機械の稼働率は少ないのですか？」と質問しても、相手は責められたように感じて警戒します。

コーチングでも「なぜ？」と聞くと、詰問（＝相手を責めて厳しく問いただすこと）になるといわれています。

では、どのように質問すればいいのでしょうか？

警戒心を解くためには、最初に質問する理由を伝えることが大切です。

「現場の皆様は本当に毎日お忙しいと思います。そこで皆様が少しでも楽になるよう業務の効率化のお手伝いができればと思います。現状を把握したいので、何点か質問させていただけますか？」

と相手を労い、警戒を解く工夫をします。

さらに、

「こちらの機械は他と比べるとあまり稼働させていないようですが、何か使いにくい点がありますか？」

などと相手目線で質問すると、詰問になりません。

「なぜ？」を使って直接的に聞くと、警察の取り調べのようになるので注意が必要です。

①「なぜ、このソフトを導入したのですか？」

②「このソフトを導入した決め手を教えてください」

①より②のほうが答えやすく感じませんか？

相手が緊張していたり、不安であればあるほど、何気ない質問でも詰問のように感じます。

相手を尊重する姿勢で、事前に質問理由を伝え、優しくやわらかいトーンで承認（褒める・労う・認める）をしながら質問することを心がけましょう。

質問する理由を伝える！

70 曖昧さにサヨナラ

「もう少し具体的に話してくれる?」と言われたことはありませんか?

人は体験を言葉にするときに、脳内で必ず単純化(①省略 ②歪曲 ③一般化)を行います。だから、**私たちの普段の会話はすべてミスコミュニケーション**なのです。

①「接客力は誰にも負けません」

②「社内の接客コンテストで1位を取り、接客力には自信があります」

①は根拠が省略され、誰にも負けないと大袈裟に話を歪曲しています。②は具体的です。

話を具体化するには、数字や固有名詞・体験談を入れることです。

「海の水は沸かせないが、ビーカーの水は沸かせる」というように、問題解決をする際も漠然としていては、海の水を沸かすようなもので手の打ちようがありません。具体化し、ビーカーの水程度に細分化できれば解決できます。

具体化するためには、NLP心理学の「**メタモデル**」**の質問**が有効です。

メタとは、ギリシャ語で「上に」「超えて」という意味です。

この手法は、**曖昧な部分を明確にして言葉の解像度を上げ、相手に真意を伝えることが**

できます。言葉の裏に隠された相手や自分の信念・思い込みを発見して、制限を解除したり、選択肢を広げたりすることができる質問です。

メタモデルの目的は、次の4つです。

①情報を収集する
②言葉の意味を明確にする
} **情報収集**

③制限を発見する
④選択の可能性を広げる
} **信念に気がつく**

お客様「この商品は高いから導入は無理だな」
営業担当「よろしければ、高いと判断された理由を教えていただけますか?」
お客様「B社のほうが安かったんだよ」
営業担当「実は、アフターケアが違いますので、ご説明させていただけますか?」

商談でも、このようにメタモデルの質問で情報を収集し、お客さまの「価格が高い」という思い込みを外す提案ができれば、ビジネスはうまくいきます。
質問によって問題を具体化することで、解決策が見つかるのです。

言葉の解像度を上げよう!

71 真実を拾い上げる

人は話をするとき、自分の関心があることや必要だと思うところだけを言葉にします。だから、会話の中で必ず情報が省略されている部分があるはずです。

省略には次の5つのパターンがあり、それぞれ質問によってその部分を問い直し、具体的な内容を明確にすることができます。

①不特定名詞：「いつ？」「誰が？」「何を？」などの紐づく情報が省略されている

例「もっと自信が欲しい」「不安だ」

質問例「具体的に何に対して？」「どのくらい？」「どのように？」

②不特定動詞：具体的な行動が省略されている

例「もっと誠意を示してほしい」「仕事を頑張ります」

質問例「誠意って頭を下げるのか？　お金を払うのか？」「具体的にどのように？」

③比較：比較の基準や対象が省略されている

例「この商品は高い」「新薬のほうが効果はある」

質問例「何と比べて？」

④判断：評価者や判断基準が省略されている

例「あいつは努力が足りない」「海外の監督は優れている」

質問例「誰が決めたの？」「何を基準に？」「誰の判断？」「どのような理由で？」

⑤名詞化：具体性やプロセスが省略されている

例「私の夫婦関係には問題がある」「私は怒っている」

質問例「具体的には？」「誰が、何について？」

このように、省略された情報を拾い上げるメタモデル質問をすることで、相手の誤った思い込みに気づかせ、思考停止状態になっている相手も解決策を考えられるようになります。

また、この質問によって相手の真意を汲み取ってから話すことで、相手の心に響く言葉がけができます。

言葉にされなかった情報と価値観を救出しよう！

72

誤解を解く

「そんなつもりじゃなかったのに」という誤解が起きるのはなぜでしょうか？
人は出来事や情報を自分の見たいように見て、聞きたいように聞いているからです。それを「歪曲」といいます。

歪曲とは、話す内容を簡略化する過程で話の意味や真意が歪められてしまうことです。
歪曲には次の４つのパターンがありますが、メタモデルの質問で情報を整理して思い込みに気づかせることで、誤解を解いたり問題解決に動き出せるようになります。

①等価の複合観念：別々の表現が根拠なく同じ意味になっている

例「金持ちはケチだ」「仕事中に笑うなんて不真面目だ」

質問例「どうして、XがYを意味するの？（X：金持ち＝Y：ケチ）」

②前提：前提が隠されている表現

例「最近の若者は根性がない」「あの人にこの仕事は任せられない」

質問例「何があなたにそう思わせたの？」「どうしてそれを信じたの？」

③因果：何かが他の何かの原因となっている

例「雨の日は気分が悪い」「母が私を傷つけた」
質問例「なぜXがYの原因?」「Xが原因でなければ、Yはどういうこと?」

④憶測:他人の気持ちや考え方を決めつけている
例「あの人は私のことなんてどうでもいい」「彼女は毛嫌いしている」
質問例「いったいどうして、それがわかるの?」

会話に誤解はつきものです。
部下「彼女は私を毛嫌いしているんです。担当を変えてください」
上司「どうしてそう思うの?」
部下「私の案をいつも否定してくるんです」
上司「彼女は君だけじゃなくて、すべての人の案に一度はダメ出ししているよ」
誤解が生じたときは、質問で誤解を解き、相手の視野を広げることが大切です。

盲点に気づかせる質問をする!

73 質問で限界を突破する

思い込みから不安や悩みを抱えている人は、一部の出来事を全体だと考える「一般化」の思考に陥っています。

次の3つはすべて、思い込み（=信念）が制限を作ったり、思考停止状態を生み出して「もう、お手上げだ！」と問題解決をすることを阻む一般化の思考です。

そこで、メタモデルの質問で風穴を開けて視野を広げ、問題解決や行動に結びつける方法をご紹介します。

①可能性の叙法助動詞：限界があると決めつける

例「私には無理」「私は人を愛せない」「私にリーダーは務まらない」

質問例「できたことは今まで一度もないの？」↓例外を探す

「もし、できたとしたら、どうなる？　どんないいことがあると思う？」

↓制限を取り払う

②必要性の叙法助動詞：～すべきだと規範に制限を設ける

例「これは私がやるべきだ」「嘘をつくべきではない」

質問例「もし、やらなかったらどうなるの？」

↓果たして大惨事になるのか？　代替案はないのか？

「もし、やったらどうなるの？　何を失うの？」

↓思い込みに過ぎないと気づかせる

③普遍的数量詞：「いつも」「必ず」「すべて」など、例外を認めない
例「いつもうまくいかない」「みんな持っている」「1つもやり遂げていない」
質問例「いつもっていつ？」「うまくいったことは本当に一度もない？」
↓例外を探す
「みんなとは誰？」「何人いるの？」
↓現実的な人数や規模を把握し、視野を広げる
相手が「絶対無理」「みんなから嫌われている」などの思い込みから自由になれる質問ができれば、相手の可能性を広げ、悩みを解決することもできます。

例外を探そう！

74
曖昧さが気づきを生む

イソップ物語のうさぎと亀の寓話を、「のろまな亀でも休まずに努力すれば途中でサボって寝るうさぎに競争で勝つのだから、努力は報われる」と自分の体験に重ねたことはありませんか？

もし「うさぎは時速10キロで、鳥取県東部の国府町にある稲葉山からスタートし……」と具体的に語ったら、多くの人は感情移入できないはずです。

曖昧な部分があるからこそ、人は自分の想像で不足部分を埋めて感情移入することができ、気づきが生まれるのです。

気づきを与えるなら、説教をするより物語を語るほうが効果的です。

「ミルトンモデル」は、意図的に曖昧な言葉を使うことで、聞き手自身の視点で言葉の意味を解釈させる、抽象的な話し方です。

目標達成や問題解決に必要な経験や記憶、解決法などのリソース＝資源を引き出すことができます。

たとえば、「私は、以前は人前で話すのが苦手で……」と話すと、相手は「では今は話すのが得意なんだろう」と推察します。曖昧な部分を相手が補足するので、「私は話すのが得意です」と断言するより、抵抗なく受け入れてもらえます。

他にも、親が子どもに「お風呂に入る前に、宿題を終わらせる？」と言えば、宿題をやることが前提です。「宿題をやりなさい！」と命令するより、反発されません。これも、ミルトンモデルの手法の1つです。

また、上司が部下に「困難があっても負けるな」と伝えると、説教くさくなります。

しかし、「営業の仕事を始めた頃、行くとこがなくてね……。スーツ着て、公園で時間を潰したことがあるよ」などと部下の悩んでいる状況と近い体験を語ると、部下が自然と自分の現状と重ね合わせて聞いてくれます。

コツは、誰もが当てはまるように抽象的な表現を使うことです。

もし、「ポール・スミスのスーツを着て……」と具体的に語ったら、共感を得るのは難しいでしょう。曖昧さを残すことで、相手があなたの物語に入り込むスキを与えることができるのです。

不足部分を相手に想像させる！

75 前向きな前提で話を進行する

「今度の休み、行くなら、映画と水族館どっちがいい？」と誘うと、相手は「どちらかと言えば、映画かな？」となりやすいものです。これは、2つの選択肢を出すことで、行くか行かないかという選択ではなく、行くことが前提になっています。

このように巧みな交渉術を持つ人は、**エリクソニアン・ダブルバインド（誤前提暗示）**を使っています。**たくさんあるはずの選択肢を限定して質問することで、こちらの意図している答えを導く暗示**です。これは、催眠療法の天才、ミルトン・エリクソンが患者に対して行っていたアプローチの1つです。

たとえば、「来たくなければその場に立ったまま話を聞いてもいいし、座りたくなれば座っても構いません」という2つの選択肢を出すことで、患者は無意識に治療を受けることが前提となります。

他にも、「あなたの無限の可能性に気づいていますか？」と自分の可能性に気づくか気づかないかと聞くことで、無限の可能性が本人の中に既にあるという前提を相手の無意識に滑り込ませます。

「気づいている?」「知っている?」「わかっている?」など、相手に前提を認めてもらいやすいキーワードを活用することが有効です。

また、自信がないと悩んでいる部下に対して、

「何があれば自信が持てるかな?」

「どうすれば、もっと(又はさらに、少しでも)自信が持てるかな?」

と質問することで、自信は絶対に手に入らないという思い込みが排除され、やり方の問題や、少しでも自信がある前提で「もっと」「さらに」「少しでも」という強弱の問題にすり替わっていきます。

このように肯定的なエリクソニアン・ダブルバインド(誤前提暗示)を使うことで、視野を広げ、解決策を見つけることもできるのです。

どんなに困っている状況や相手だったとしても、「ない」「できない」「下手」といった否定的な前提ではなく、「ある」「できる」「上手」などの肯定的な前提で言葉選びをすると、突破口が見えてきます。

できる前提で話す!

76
アドバイスを押し売りしない

「仕事ばかりしてないで、結婚したほうがいいよ」

「そんなに落ち込まないで。世の中にはあなたより大変な人がたくさんいるよ」

求められていないアドバイスは、余計なお世話です。アドバイスした本人は、たいてい「よかれと思って」言っただけです。

しかし、相手の背景を理解していないアドバイスは、相手を不快にします。

また、多くの場合、相手は話をただ聞いてほしいだけなのです。

カウンセリングでは、「あなたより大変な人がいる」などとはアドバイスしません。感じている悲しみに寄り添ってもらうことで、人は癒やされ、立ち直れるからです。

求められていないアドバイスは、親が子どもの宿題をやるようなものです。それでは、相手の考える力が育ちません。「教えないコーチが名コーチ」と言われるように、自分で解決できるように見守り、質問する程度にしたほうが、相手は成長できます。

アドバイスはどうしても、できている人ができない人にするような上から目線な印象があります。だからプライドの高い人ほど、アドバイスされるのを嫌います。

しかし、「物事はこうするべき」というマイルールが強い人ほど、相手に「こうしたほうがいいよ」と、自分の常識を押しつけがちです。

禅僧の一休宗純の子ども時代をモデルにした漫画『一休さん』では、日常で起こる問題を一休さんがとんちを使って解決します。その際、「作麼生《そもさん》」「説破《せっぱ》」と禅問答するのが定番です。

禅では、「啐啄同時《そったくどうじ》」といって、禅問答で師匠と弟子の呼吸が一致すると、悟りが得られるとされています。「啐」は、鳥が孵化するときに殻の中から鳴くこと。「啄」は、母鳥が外から殻をつつくことです。

もし、雛が鳴く前に母鳥が殻を突っつけば、雛は死んでしまいます。しかし、雛の鳴き声に母鳥が気づかなければ、雛は殻を破ることができません。

同様に、**相手が求めていないアドバイスは、気づきを与えるどころか、迷惑以外の何ものでもありません。**相手が求めてきたときが最高のタイミングなのです。

アドバイスは啐啄同時を心がける！

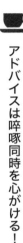

77 言葉の連結部分に要注意

知らないうちに、自分や相手が実力を発揮することを言葉で阻んでいることがあります。

左の図は、NLPのニューロロジカルレベルです。言葉が脳のどのレベルに影響を与えるかということを示しています。それを踏まえて、次の言葉を分析してみましょう。

「大事な試験で失敗するなんて、自分はダメだ……」

試験に失敗したのは能力レベルの失敗なのに、自分はダメだと自己認識レベル、つまり人格否定をして自信を失っています。言葉の連結が間違っているのです。電車でも連結作業を怠ると運行できなくなるように、言葉も連結を間違えると、思考停止に陥ります。

自己認識レベルは、下位概念の価値観、能力、行動、環境レベルすべてが含まれます。

部下が遅刻してきた場合、あなたなら何と言いますか？

A「何回注意すればわかるんだ！　だらしないやつだな」

B「最近、遅刻が続いているね。体調は大丈夫？　明日は定刻までに来れるかな？」

Aは人格否定。Bは行動に対しての注意をしています。

ニューロロジカルレベルでは、「自分＝ダメ」「あなた＝バカ」などの自己認識レベルにつながる言葉は、脳内の生命維持に関わる脳幹に影響を与えるとされています。それぐらい、深く相手を傷つけるのです。

昔から、罪を憎んで人を憎まずと言いますが、**行動で失敗したなら行動だけを注意し、人格を否定する必要はありません。**

自己認識レベル＝人格につながる「あなたは○○だ」「私は○○だ」という言葉を使うときは、否定的な言葉でダメージを与えるのではなく、肯定的な言葉を選ぶことが大切です。

ニューロロジカルレベル

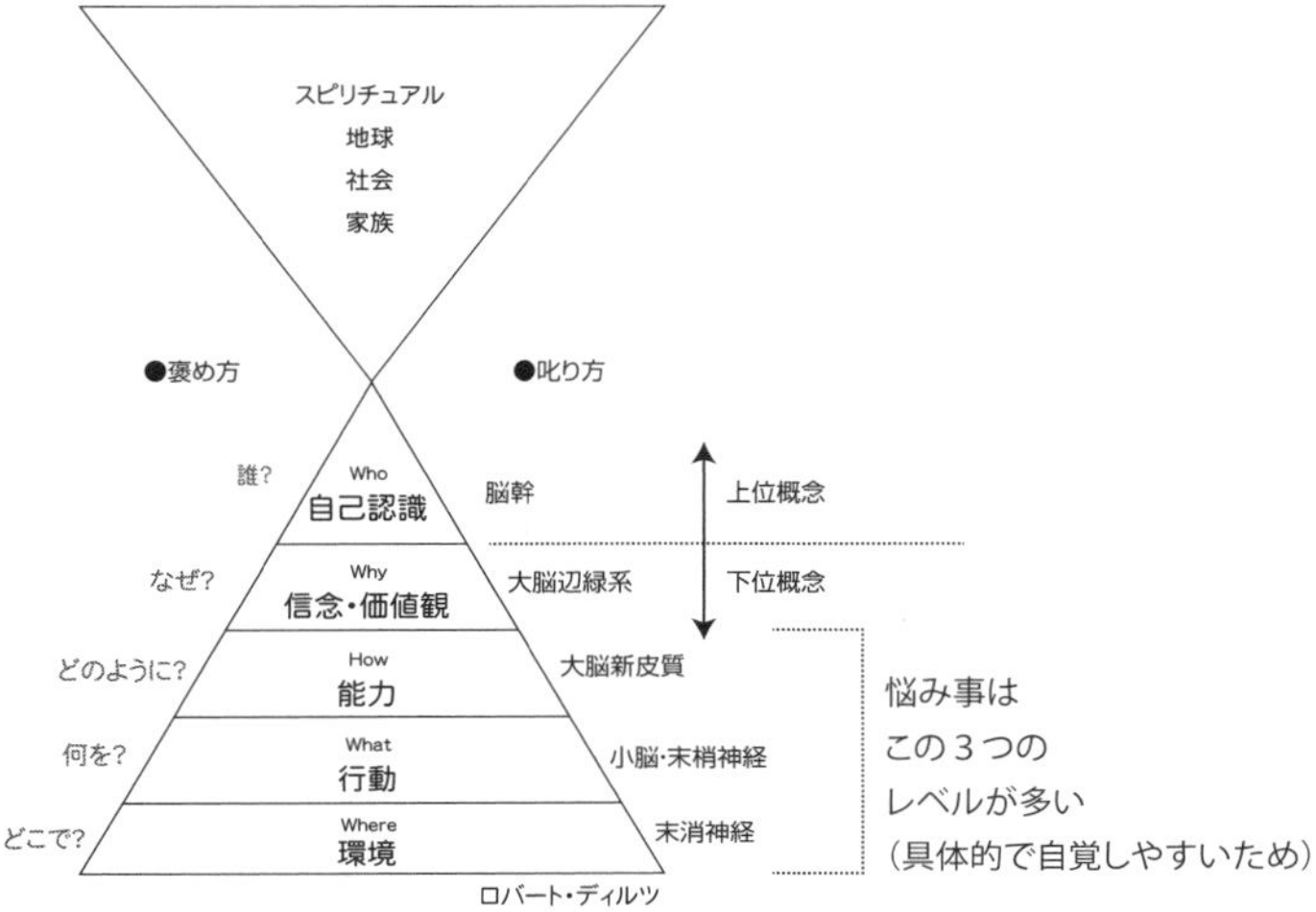

「私は〜だ」「あなたは〜だ」を肯定語にしよう！

78 遠回しに怒らない

「まだできてないの？　何してたの？」「もっと、早く言ってよ」「〇〇できないのは性格のせい？」などと、皮肉や嫌味を言う人はいませんか？

これは、交流分析では「NOT OKメッセージ」といいます。

このNOT OKメッセージとは、劣っている、愛されていない、存在価値がない、つまらない、弱い、能力が低いなどと、受け取った相手に反感や悪意を感じさせる否定的な言葉や態度のことです。

反対に、「OKメッセージ」は優れている、愛されている、存在価値がある、楽しい、強い、能力が高いなど、共感や好意を感じさせる肯定的な言葉や態度を表します。

では、なぜNOT OKメッセージである皮肉や嫌味を言ってしまうのでしょう？

皮肉を言う、無視する、頼まれたことを忘れる・さぼるなどの行為は、怒りを直接表現せず遠回しに表現して、相手を困らせる「受動的攻撃」です。

喫煙者の前で、「目の前でタバコを吸わないで！」と言う代わりに咳払いをする。相手に不満があるときに、扉をバーンと大きな音を立てて閉める。上司に頼まれた仕事をわざとサボって困らせるなども、受動的攻撃です。

しかし、**人は、怒りや攻撃では変化しません。人が変化できるのは、肯定されたときです。だから、会話の土台はOKメッセージで構成することが大切です。**

NOT OKメッセージを発するとき、人は、自分の価値観で相手を裁いています。だから、いったん自分の価値観を脇に置くことが必要です。

そうすれば次のように相手を否定せず、OKメッセージを伝えることができます。

「まだできてないの？　何してたの？」↓「そこまでできたんだ！　あと一歩だね」

「もっと、早く言ってよ」↓「言いづらいことなのに、よく言ってくれたね」

「〇〇できないのは性格のせい？」↓「だんだん本領発揮してきてるね〜。頑張って！」

ポイントは表情や声のトーンでも、相手を肯定し、尊重している態度を示すことです。

私たちの心が広くなければ、相手を受け入れ、変化する機会を与えることはできないのです。

OKメッセージを会話の土台にする！

79

指図ではなくリクエストする

「早く勉強しなさい」「絶対連絡して！」「最後まで聞いてください」。これらはよく聞く言葉です。

しかし、このように言われて、喜んでやろうと思う人がいるでしょうか？

実は、**人には心理的リアクタンスという、他者から強制されたり自由を奪われたりすると激しく反発し、自由を奪還しようとする心理があります。**

Aさんは「親から絶対公務員になれと言われたから、反発して自営業をしている」といいます。まさに、心理的リアクタンスによる反発です。

たとえば、ビジネスの交渉でも「絶対購入してください」「損はさせません」などと説**得すればするほど、拒否されます。強制では人の心を動かすことはできないのです。**

では、なぜ人はこの効果のない強制を繰り返してしまうのでしょうか？

1つ目は、経験です。子どものいたずらを、親が最初は優しく「危ないから、やめなさいよ」と注意していても、やめないと「やめなさいって言ってるでしょ！」「何回言えばわかるの！　やめなさい！」など強く叱り、そこまで言ってようやく子どもが言うことをきくという経験をしたことや見たことは、誰にでもあるのではないでしょうか？

だから大人になっても、強く言えば相手が思い通りになると思ってしまうのです。

うまくいかない方法を強化するのではなく、やり方を変えることが大切です。

２つ目は、自分に自信がないからです。自信がないと相手に絶対に拒絶されまいと命令形で話したり、高圧的な態度をとります。しかし、これは反発を招き、逆効果です。

３つ目は、すべての状況をコントロールしなければ自分に不利益があるのではないかという不安です。不安が高い人ほど、他者や状況へのコントロール欲求が強くなります。

相手の自由を奪わないこと、コントロール欲求を手放していくことが大切です。

「落ち着いたら連絡もらえる？」「最後まで聞いていただくことは可能でしょうか？」など、語尾を質問形にすれば、命令や指示がリクエストに変わります。そうすれば相手は気持ちよく引き受けてくれます。

語尾を質問形にしよう！

80
お願い上手の会話術

「お願いごとをするのが苦手……」「叱るのは気が重い」という人に役立つのが、アサーティブな会話方法の1つ、**DESC法（デスク法）**です。

DESC法とは、相手を不快にせず主張を伝え、納得感を得るための会話技法です。

① Describe（描写する）…客観的な状況・事実を伝える。憶測で話さない

② Explain（説明する）…主観的な意見や感情を表現する。感情的にならず建設的に伝える（Iメッセージで主張する）

③ Specify（提案する）…相手にしてほしいことを伝える。強要しない。責めない

④ Choose（選択する）…選択肢や代替案を提示する。実現可能な範囲で提案する

たとえば、

「提出書類、またミスがあったよ。同じミスを繰り返しているから、気をつけてよ！」

この言い方は、心理学的には相手の能力をディスカウント（値引き）しています。相手も表面上「すみません」と謝っても、心から「次は気をつけよう！」とはなりません。

これを、DESC法を使って言い換えます。

①（描写）「資料の作成をありがとう。実はグラフの数字に間違いがあってね」

②（説明）「私も説明不足で申し訳なかったんだけど、些細なミスで信用を失うのはもったいないから……」

③（提案）「ダブルチェックしたり不明点を質問してもらえるかな？」

④（選択）「もし1人では大変なら他の人に協力してもらうから相談してね」

このように伝えると、相手も次から気をつけようと素直に思えます。

忙しいときほど、相手の気持ちではなくタイムパフォーマンスが優先され、知らず知らずに相手を傷つけてやる気を奪う言い方になりがちです。

その場、そのとき、相手を思いやる余裕が、安心して意見が言える心理的安全性を育てます。**気持ちは花のような生き物です。水を与えなければ簡単に枯れてしまいます。**

同様に、一方的に意見を押しつけず、DESC法で事実の確認から始め、具体的に何をしてほしいのかを伝えて相手に納得感を与え、やる気を枯れさせないようにする工夫が大切です。

事実から主張の順で話す！

81

失敗の予行練習をさせない

「うちの子は『こぼさないように運んでよ！』って言った途端にこぼすのよ」とある母親が話していました。これは、自分の言葉で子どもに失敗の予行練習をさせています。

どういうことなのか、少し実験してみましょう。

目を閉じて、絶対にペンギンをイメージしないでください。あの白と黒の体の、氷の上にいるペンギンを絶対にイメージしないでください。

どうでしょうか？　頭の中にペンギンの姿が浮かんだのではないでしょうか？

「～しないように」という否定語を、脳は理解できません。

だから、「こぼさないように」と言うと、何かをこぼしている映像が頭の中に浮かびます。

そして、**脳はイメージしたものを実現しようとします。**「こぼさないように」「遅れないように」「緊張しないように」といった否定語を使うと、かえって避けたい状態が頭に浮かび、緊張したり焦ったりして、失敗してしまうのです。

そのため、避けたい状態ではなく、望む状態がイメージできるような声がけをすることが大切です。「ゆっくり運んでね」「定刻までに来てください」「リラックスしてトライして！」など、相手の頭の中に成功している映像が浮かばせるのです。

私たちは否定語に慣れすぎています。「走らないように！」「喧嘩しないように！」「忘れ物がないように」など、親や教師がしつけのために子どもに使う言葉のほとんどが否定語だからです。そして、否定語は語尾が強くなります。

ある母親は「廊下を走らない！」という否定語を「廊下はゆっくり歩いてね」と肯定語に直しただけで、子どもへの言葉がけが優しくなったといいます。

否定語を使うと、あなたの心配事が現実になり、肯定語を使えば、あなたや相手の望みが叶う言葉がけになります。

第35代アメリカ合衆国大統領のジョン・F・ケネディは「誰かを心から助けると、必ず自分自身も助けられている」と言いました。

誰かを助けるために大業を成す必要はありません。毎日、望みが叶う言葉がけをするだけで、自他共に助けることができるからです。

肯定語を使おう！

82

目標を細切れにする

成長する企業が導入している1on1ミーティング。その名の通り、上司と部下で行う定期的な1対1のミーティングですが、「効果がない」という声も聞こえてきます。雑談で終わってしまう、上司に傾聴やコーチングのスキルが乏しく、一方通行になってしまうからです。

部下からこんなことを相談されたらどうすればいいのでしょうか。

「今年は資格試験に合格すると決めたのに、なかなか勉強する時間が取れない……」

「営業成績1位になると目標を立てたけど、達成できていない……」

そこで役に立つのが、**「チャンクダウン」です。チャンクダウンとは、塊をほぐすという意味で、目標を達成するためにやるべきことを細分化し、手をつけやすくすることです。**

たとえば、いくらお肉好きでも牛を一頭プレゼントされたら困りますが、サイコロステーキなら食べやすくなります。同様に、大きな目標は細分化して見通しを明るくすることで脳がやる気を出し、着手しやすくなります。

「部屋を片付けて」は、片付けが苦手な人にとっては、チャンクが大きすぎます。「ゴミを捨てる」「掃除機をかける」など、チャンクダウンしたほうが行動に移しやすくなります。

チャンクダウンが活用できる場面は、①行動計画を立てるとき②問題解決のために課題を細分化するときなどです。

行動計画を立てる場合には「いつ?」「どこで?」「誰が?」「何を?」「なぜ?」「どうやって?」「いくらで?」と5W2Hで具体化する質問が有効です。

問題解決のためには、「具体的には?」「他にもある?」「たとえば?」「詳しく言うと?」と質問するのも有効です。ただ、矢継ぎ早の質問は詰問になるため、傾聴と承認を加えることが大切です。

上司「次のプロジェクトで優先順位の高い課題は何?」

部下「住民への説明です。改修工事に理解を求めなければならないので……」

上司「そうだね。具体的な案はある?」

部下「はい。工事期間と予算に関しては、過去の改修工事の実績から説明します」

このように具体化・細分化することで、相手が行動に移しやすくなります。

着手しやすいコンパクトサイズにする!

83 主体的な行動を引き出す伝え方

人は「何のためにやるのか」「それが自分の人生にどんな意味があるのか」が明確でなければ、やる気が出ません。そこで役に立つのが「チャンクアップ」の質問です。

チャンクアップとは、チャンク（＝塊）をより大きくまとめて抽象化し、全体を見て目的や意味を考えることです。**「木を見て森を見ず」と言いますが、チャンクアップは木という小事ばかりにとらわれず、森という全体を見ることを指します。**

チャンクアップの質問は、「何のためにやるのか？」「どうなれば理想か？」「達成するとどんないいことがあるのか？」「達成したときの気分は？」といったものです。目的を見失ってモチベーションが下がっている人に問いかけることで、①長期的な視点や広い視野で現状を把握できる②選択肢が広がる③情報の共通性を見出せるなどの効果があります。

ビジネスでは「エビデンスは？」「データを持ってこい」などと言われますが、世界は予測不可能な変化が起こり、データから正解が得られるとは限りません。

そして、人はデータだけでは動きません。「何のためにやるのか」という「生き方」につながる大きな目的が不可欠です。**直観的に本質が伝わる言葉によって、人は主体的に動**

き、試行錯誤し、前進することができるのです。

私は直感的に本質を伝えるという点で、企業理念はまさにミルトンモデルであり、究極のチャンクアップだと思っています。誰にでも該当するように抽象化（=曖昧に）することで、全社員が考えを共有できます。

お茶漬けで有名な食品メーカーの永谷園の企業理念は「味ひとすじ」です。お客様が「美味しい」と感じる商品開発をし、広告宣伝は美味しさをどう伝えるのか、部署ごとの仕事は異なっても、根幹となる考え方は1つです。

現場では、社員一人ひとりの臨機応変な判断と行動が求められます。だから、直感的に本質が伝わる言葉を共有する必要があります。

世界中から愛されているメルセデス・ベンツ。そのクルマづくりのスローガンは長い間“Das Beste oder nichts（最善か無か）”でした。最高水準のクルマをつくるためには、妥協はしないという意味です。「何のためにやるか」という本質的な意味が直感的にわかる言葉だからこそ、組織が一丸となり、個人が主体的に行動でき、企業が躍進できるのです。

本質をひと言で表現する！

第7章

魅力的な話し方編

84

具体と抽象を行き来しながら伝える

「やってと言ったのにやってくれない」「人の話を聞いていない」とイライラしたことはありませんか？　話が噛み合わないのは、話の抽象度と具体度が原因かもしれません。

「掃除して」は抽象的なので、「窓を拭いて」「掃除機をかけて」とお願いしたほうが具体的です。犬を具体化すると柴犬、ブルドッグ、チワワなどの種類に分類できます。反対にハンバーグ、パスタ、カレーを抽象化すると「洋食」や「料理」になります。

具体化とは、普遍的な漠然としたことを特定の1つに当てはめ、はっきりさせることです。

抽象化とは、複数の事柄に共通する要素やパターンを発見することです。

頭のいい人は抽象度が高いと言われますが、詳しくは次のような違いがあります。

具体化…①目に見える②万人が理解できる③解釈の自由度が低い④応用が利かない⑤やり方⑥実務寄り⑦実体と直結

抽象化…①目に見えない②一部の人しか理解できない③解釈の自由度が高い④応用可能⑤考え方⑥学問寄り⑦実体と一見乖離

あるマナー講師が「新入社員の方に『シャツは何色がいいですか？』と聞かれたら、半年は白シャツで通勤が無難と伝えている。『社内の人を見ながら臨機応変に』は不親切」と話していました。

経験値が少なく、判断が難しい場合や、不安が大きく「臨機応変に」では迷って行動できない場合は、具体的に伝えたほうが実践しやすいからです。

しかし、長期的な視点で見ると、これでは応用が利きません。

ベテラン社員や経験豊富な人は、具体的な指示は窮屈に感じます。「清潔で機能的、華美でないシャツで」と抽象的に伝えたほうが、自由にシャツが選べ、応用が利きます。

相手に合わせて、具体と抽象を行き来できる思考と言葉選びが大切です。

具体的に話すには、「具体的には〜」と話し始め、5W2Hのようにいつ、どこで、誰が、何をするなど目に見えるレベルに落とし込んで個別化し、現場ですぐに行動できるようにするのがポイントです。

抽象化は「ざっくり言えば〜」「この話の肝は〜」と同じ要素をまとめて物事の全体像が第三者にイメージできるよう、方向性や大枠を示して話します。説明は、抽象↓具体の順で話すと、わかりやすくなります。

相手に合わせて話の具体度と抽象度を調節しよう!

85 腑に落ちるたとえ話のつくり方

たとえ話が上手になると、聞き手が「なるほど！」と思わず膝を叩く場面が増えます。**たとえ話の極意は、縁遠いものや初めて聞くものを身近なものに置き換えること**です。

「分散投資」を説明する場合、どちらがわかりやすいでしょうか？

①「分散投資とは特定の商品に絞って投資するのではなく、複数の商品（様々な国や地域、銘柄など）に投資をして、リスクを分散することです」

②「株の世界では、卵は1つのカゴに盛るなという格言があります。卵を1つのカゴに盛ると、落としたときにすべての卵が割れますが、複数のカゴに分けておけば、1つがダメになっても他のカゴの卵は無事です。このように投資リスクを分散するのが分散投資です」

人は頭で理解しても、腑に落ちなければ行動しません。だから、②のように身近で五感に訴えるたとえ話ができると、聞き手に、自分ごととして理解してもらい、行動を変えることができるのです。

では、たとえ話はどのようにつくればいいのでしょうか？

次の3ステップでつくります。

①主訴を考える：一番伝えたいこと（＝本質）は何かを考える

②類似要素を探す：その本質と共通する要素を洗い出す

③聞き手を理解する：共通要素を、聞き手にとって一番身近なもので表現する

「要約＝文章の要点をまとめること」の説明をしたい場合、①本質は「無駄な部分を削り、要所を残すこと」。②「無駄を削り、要所を残すこと」は、ダイエット（余分な贅肉を落とすこと）や剪定などにも共通する。③聞き手の趣味がガーデニングの場合、身近なものは「剪定（不要な枝葉を切り落とし、樹形を整えること）」と判断します。

そして、「要約とは、庭師が木を整える際に枝葉を切り落とし、幹だけ残すように、無駄な部分を削り、肝心な部分だけ残すことです」とたとえます。

伝える上では、**相手にとって何が身近なことなのかを考えることが大切です。**

縁遠い話題を身近なものに置き換えよう！

86 たとえ話で嫌われる人と好かれる人

上手にたとえ話ができれば、複雑な内容もすんなり理解してもらえます。

しかし、たとえ話で嫌われる場合もあります。それは、難しくたとえてしまったり、一部の人しかわからないようなマニアックなものにたとえてしまったりする場合です。

たとえ話の本質は、相手が想像しやすい身近なものにたとえることです。

①「犬に噛まれたときのように驚いた」

②「ピラニアに噛まれたときのように驚いた」

①は多くの人が経験していますが、②は特定の人しか経験しません。より多くの人が経験していること、知っていることにたとえなければ伝わりません。

「たとえツッコミ」が上手な芸人さんは、誰もが想像できる言葉でツッコむから笑いがとれるのです。早朝のメールに「こんな朝早くから、イカ釣り漁船の漁師か！」とツッコむ。「面倒見きれないような相方とよくやってますね」と言われたら、「ええ、だから、俺、国民栄誉賞をいただきたいです」と返すなど、多くの人が共感できる言葉を選びます。

実は、前項でもご紹介したたとえ話をつくる3ステップは、話し上手になるための複数の能力の組み合わせでできています。

①一番伝えたいこと＝本質は何かを考える（主訴を考える）

これは、普段から相手の話を傾聴することで養われます。相手が一番言いたいことは何かを常に考え、主訴をひと言で言えるように練習すると、主訴を聞き取る傾聴力・ひと言にまとめる要約力・簡潔に伝える発信力が身につきます。

②その本質と共通する要素を洗い出す（抽象度を上げる）

複数の事柄に共通する要素を見つけるためには、様々な人の立場で物事を考えるので、視野が広がり、問題解決能力も上がり、他者への共感力も高まります。

③共通要素を、聞き手にとって一番身近なもので表現する（聞き手を理解する）

相手に心の矢印が向いていなければ、相手が何を一番身近に感じるか知ることができません。だから、相手に関心が向き、他者理解が進みます。

たとえ話ができる人は、相手の気持ちがわかり、それを言葉で表現できるので、好かれます。

相手の脳内マップに入り込もう！

87

3つの視点で心を掴む

アナウンサーの古舘伊知郎さんは、「お～っと、これはまさに闘いのワンダーランドだ！」などのプロレスの名実況でも有名です。

レスラーからの信頼も厚く、会場のファンを熱狂させる古舘さんは、レスラーについて事前に詳細に調べるだけでなく、プライベートでも彼らに技をかけてもらい、選手と同じ鞄を購入するなど、相手を理解することに努めました。

心理学では、物事を主観的に体感することを「アソシエイト」といいます。これは**「虫の目」です。近くから物事を注意深く見る視点です。**反対に、客観的に俯瞰することを「デソシエイト」といいます。これは**「鳥の目」です。空を飛ぶ鳥のように物事から距離を置き、全体を捉える視点です。**

スポーツ実況は、刻々と変わる試合の状況を客観的に、正確に描写します。だから、アナウンサーはデソシエイト（＝鳥の目）で実況します。

鳥の目で見たものをすぐに言葉にする反射能力を身につけるのは大変です。考えてしまうと言葉が出てこないからです。

何気ない雑談も、目の前のことを言葉にするだけで成り立ちます。行列ができていたら「ずいぶん並んでいますね?」と相手に目の前で起きていることを伝えればいいのです。ただ、これにも言葉の反射能力が必要です。だから、新人アナウンサーは電車に乗りながら風景を心の中で実況していく練習をする方も多いのです。

古舘さんが素晴らしいのは、相手のことを調べ上げて全体を見渡す鳥の目と、相手の気持ちになりきる虫の目を持ち、どちらで話すのか瞬時に空気を読むことです。

空気を読むとは、「魚の目」を持つことです。魚が海の中で流れや潮目を読むように、目には見えないその場の空気を読み、行動を決める視点です。

古舘さんは、アントニオ猪木さんの弟子の藤波辰爾さんがチャンピオン、猪木さんが挑戦者という、師弟関係にあった2人の複雑な心境の試合を「藤波よ、猪木を愛で殺せ。」と表現し、ファンを痺れさせました。これも、普段から相手になりきるアソシエイト(＝虫の目)の視点があったからこそです。

虫の目で注意深く見て、鳥の目で俯瞰し、魚の目で空気を読むのは、会話でも大切な視点です。

陸・空・海の視点を持とう!

88 体験談で相手の心を動かす

あなたの記憶に残っている話はどんな話ですか？

スタンフォード大学ビジネススクールでマーケティングを教えるジェニファー・アーカー教授の研究では、論理的な事実や数字を並べるより、物語を語るほうが22倍も人の記憶に残りやすいという結果が出ています。

アップルの創業者スティーブ・ジョブズは「１０００曲もの音楽があなたのポケットに」と言って、履いていたジーンズのポケットからiPodを出すプレゼンで、iPodを大ヒットさせました。他社製品にも同様の機能があったにもかかわらず、商品の説明ではなく物語を語ることで心を掴んだのです。この手法は、「ストーリーテリング」と呼ばれ、物語や体験談を語ることで伝えたい想いを相手に強く印象づける効果があります。

普段の会話でも、相手の興味を引くのは情報ではなく、あなたの体験談です。情報は巷にあふれていますし、古くなれば捨てられます。週刊誌はその代表です。

だから、**相手の心を掴む話し方のコツは、「テレビで○○と言っていた」という又聞きではなく、自分の体験を話すことです。体験談は唯一無二の話だからです。**イメージしながら感情を乗せて話すと、自然に臨場感が生まれます。

芸人さんは、自分以外の登場人物がいる場合「おかんが、『あかん！　財布忘れた』言うからやな～、」と相手になりきってセリフを言います。小芝居形式で話すことで、観客が実際に2人の会話を見ているような感覚になるから、ウケるのです。

そして、焼き上がりが見えるシュークリーム店の前を通って、急に「買って帰ろう！」と思うのは、甘い匂いとともに食べている自分を想像するからです。**臨場感には人を行動させる力があるのです。**

催眠術士は、相手にその場にいないはずの猫を見せるために、自分の目の前にあたかも猫がいるように振る舞います。本当に思い、感じていることしか相手に伝わらないからです。潜在意識はガラス張りです。口先だけのお世辞や嘘で騙すことはできません。

話が上手な人は、1人でプレゼン練習をする際も、目の前に相手がいると思って話をします。するとジェスチャーも加わり、話がわかりやすくなります。

いつも、伝えたい体験を自分の頭の中でありありと再体験しながら話すことが大切です。

臨場感を持って話そう！

89
言葉は鮮度が命

関西で長年人気料理番組を担当されていた上沼恵美子さん。

彼女はYouTube動画の中で料理をする際、春巻きの薄い皮が何枚も重なって剥がれず、「春巻きの皮を剥がそうと思うと、イーってなるな」と関西弁で言っていました。

イライラするという意味ですが、「イーってなる」という表現のほうが、上沼さんらしい親しみやすい表現になっています。彼女の**直感的表現**だからです。

このように、正確な表現でなくても、人に伝わる言葉があります。

たとえば、「レンジで温めて」よりも「レンジでチンして」のほうが、家庭的な雰囲気で直感的に伝わります。

正確に正しく伝えようとして、話が長くなり、面白みがなくなってしまう人も多いものです。

ビジネスや教育現場など、正しく伝えなければならない場面では別ですが、雑談では正しさより楽しさ。あなたの人間味が伝わる表現をするほうが有効です。

私が料理教室の先生の作った料理を食べて、「これ、芸術的に美味しい!」と言ったとき、先生が「褒め上手！　ありがとう！」と返してくれたことがあります。

「芸術的に美味しい」というのは言葉の使い方としては間違っているかもしれませんが、「見た目も美しく、口にすると何とも言えない、食べた人を幸せにするような美味しい味」を表現しました。

自分なりに表現して心から伝えると、相手にはその気持ちが届くのです。

コーチングでは、「直感を投げる」と表現します。

直感は、刺身と同じです。刺身を手のひらでこねくり回してから出しても、食べられたものではありません。

同様に、**直感も頭の中でこねくり回して話すと伝わりません。降りてきた瞬間に相手に伝えるから伝わるのです。刺身も直感も、鮮度が命です。**

ぜひ、あなたの楽しい、うれしい、感動した気持ちを直感的に伝えてみてください。

直感を投げよう！

90 郷に入れば郷に従え

人が最も関心があるのは自分自身であるというのは、会話でも、プレゼンでも同じです。

芸人のとにかく明るい安村さんが英国の人気オーディション番組「ブリテンズ・ゴット・タレント」に出演し、拍手喝采を浴びました。

評価された要因の1つは、持ちネタをイギリス人でも受け入れられるように最適化＝ローカライズしたことです。

披露したネタはサッカー、乗馬、スパイスガールズ。イギリスで大人気のものばかりです。郷に入れば郷に従えといいますが、安村さんは日本人ではなく、イギリス人に馴染み深いネタに徹したのです。

これは、**心理学において、自分に似た人＝共通点がある人に親近感を抱く「類似性の法則」を活用**しています。

小さなパンツが彼のぽっちゃり体型に隠れ、まるではだかのように見えるこの芸の決めゼリフは、「安心して下さい、履いてますよ！」です。

ただ、日本語ではパンツという目的語を入れなくても意味が通じますが、英語では、

「Don't worry, I'm wearing pants!（安心してください。私はパンツを履いています）」と言わなければ意味が通じません。

しかし、このオーディション番組では安村さんが「I'm wearing…（私は着ています……）」と尻切れトンボにしか言わなかったので、審査員が「pants!（パンツを）」と目的語をくっつけて合いの手を入れ、文章を文法的に完成させています。

これが見事な掛け合いとなり、会場との一体感が生まれたのです。

これは、空白の原則といって、「□肉□食」などの表記を見ると、「弱肉強食」などと**空白＝わからないことを埋めたくなる心理**が働いており、尻切れトンボの単語の部分を審査員が埋めたのです。

彼が徹底的にイギリス人の関心事をリサーチしたからこそ審査員がフォローし、意図せず聞き手が受け身ではなく参加したことで、聴衆が大ウケしたのです。

会話でも、話題は常に相手に合わせてローカライズ（最適化）することが大切です。

話題は相手に最適化する！

91

雄弁は銀、沈黙は金

「国際会議を成功させる秘訣は、インド人を黙らせ、日本人を喋らせること」というジョークがあるくらい、日本人は寡黙だといわれます。インド人が英語のクオリティーや制限時間などおかまいなしに話し続けるのに対し、日本人は謙虚で間違いを恐れる人が多く、あまり話しません。

これは、西洋と東洋の文化の違いです。「沈黙は金、雄弁は銀」というぐらい、東洋では雄弁よりも寡黙が美徳なのです。

ドイツでは沈黙＝怒りと捉え、黙っていると「怒ってるの？」と聞かれるそうです。一方、日本では「あの人は口八丁手八丁で抜け目がない」などと、雄弁な人は警戒されます。

音楽には、音を出さない「休符」という間があります。会話でもプレゼンでも、強調したい言葉の前に間をあけると、聞き手は注目します。

名優・高倉健さんは、名ゼリフは言いたがらず、台本からセリフを削ることさえあったといいます。押し黙り、背中から沈黙のしらべが聞こえる演技で観客の心を揺さぶるのです。**沈黙が言葉を凌駕するのです。**

会話で失敗する人は話しすぎています。マシンガントークで間がありません。

デザインでも、余白が少ないチラシは安っぽく見え、余白が多いポスターには高級感が出ます。余白は余裕なのです。間があるから、会話に余裕が生まれるのです。

相手が話し終わったら1秒待ってから話し始めることを「一時停止のルール」といいます。すぐに話し始めると相手の話を聞き流したように感じさせるので、間をあけるのです。

間をつくるためには、すぐに話し始めないこと、短い言葉で話すことが大切です。

相手の言葉を味わって聞いていたら、会話が途絶えたときにすぐに話し出すことはできません。また、短い言葉で話すと、自然と間が生まれます。

カウンセリングでも一語か二語の繰り返しをすることで、クライエントの時間を奪うことなく、相手が本音を話してくれるといわれます。つまり、短い言葉で本質を表すことが大切なのです。短い言葉は息継ぎがいらないので、聞き手の集中力が途切れません。

歌手やアナウンサーはここぞというときに息継ぎをせずワンブレスで歌ったり、読み上げたりすることで迫力を出します。

安易に言葉を並べるだけでは、相手に届かないのです。

92 思考停止をアナウンスする

相手の質問に即答できないとき、難しい顔をしたまま固まっていませんか？
「う〜ん。なんだろう？」と考え中であることを伝えて**悩むのはいいのですが、無言で答えや質問の意図を考える＝内容の咀嚼時間が長いと、相手を不安にさせます。**

採用面接でも、面接官の想定外の質問に対して、沈黙が続くことがあります。これでは答えを考えているのか、質問の意味がわからないのか、判断できません。

「少し、考えるお時間をいただけますか？」とひと言伝えてから考え、答えが浮かんだら「失礼しました。先程の質問の回答ですが……」と答えるほうが親切です。

質問は、相手があなたにボールを投げたのと同じです。焦らず今の自分の状態を相手に伝えましょう。

電車が緊急停車した際、「只今、線路に障害物を発見し、列車を緊急停車しました」とアナウンスが入ると、乗客が状況を把握できて安心するのと同じです。

知人は、面接場所を間違えて遅刻し、焦っている状態で面接がスタートしたことがあるそうです。

面接官「では、自己紹介してください」
山田さん「はい。山田太郎です」
面接官「……。それだけですか？」
山田さん「すみません。今、頭が真っ白で、何か質問していただけたら答えますので、質問してください」
面接官「わかりました（笑）。では、質問します」
このように知人は、今の精神状態を率直に伝え、その結果、見事に採用されました。
緊張や焦り、不安などを感じながら話をする際は、悶々と考えるのではなく、いったん正直に自分の心の状態を「すみません、緊張してしまって……」などと伝えると、親しみを感じてもらえたり、相手から助け舟が来ることも多いのです。
そのためには**「完璧に答えなければ」「カッコ悪いところは見せられない」と無理するのではなく、等身大の自分をさらけ出す勇気を持つことも大切です。**

相手にボールを返そう！

93

褒め言葉は変化球で

商品の口コミを見て、購入を決めた経験はありませんか？

私たちは商品の宣伝ページより、購入者の口コミを信頼します。

実は、会話も同様です。次の例で、Aの直接本人から褒められる場合と、Bの間接的に褒められる場合では、どちらの言葉のほうがス〜ッと入ってくるでしょうか？

A　妻が夫に「あなたは、優しいわね！」
B　妻が夫に「隣の奥さんが、あなたのこと『優しいご主人ね』って言ってたわ！」

Aのように直接褒められると、「褒めて、自分に何か手伝わせようという魂胆があるのでは？」と勘繰ることがあります。

しかし、Bの場合「隣の奥さんが自分を褒めてもメリットがない」と、利害関係のない隣の奥さんが言うならと妻の言葉を信じやすいのです。

このように、**当事者が発信する情報より、利害関係のない第三者が発信する情報のほうが信頼されやすいという心理傾向を、「ウィンザー効果」といいます。**由来はアーリーン・ロマノネスの小説『伯爵夫人はスパイ』に登場するウィンザー伯爵夫人の「第三者の褒め言葉が一番効果があるのよ」のセリフだといわれています。

ウィンザー効果は、悪口などネガティブな情報にも効果があります。だから、三国志でも敵国の親子、君臣、同盟国などの間に悪い噂を流し、互いに疑心暗鬼にさせることで仲たがいさせて勝利する戦術「離間の計」が登場します。

Ａさんは職場で「社長の回し者で、私たちの監視役として配属された」という噂を流され、部下から冷遇されていました。打開策として、「監視役は自分ではなく、部長だ」と言って、部長と部下を仲たがいさせる離間の計で、自分への攻撃を回避しました。

しかし、この方法は、組織内がギクシャクするだけです。「部長が君のことを褒めてたよ！」などとポジティブなことを間接的に伝えたほうが、心理的安全性が保障された職場ができます。

人には承認欲求があります。時々、「嘘でも褒めればいいんでしょ？」と言う方がいますが、潜在意識はガラス張りです。嘘は見透かされます。

常に他者の美点を探すからこそ、第三者の褒め言葉にも気づき、それを相手に伝えることができるのです。

第三者を登場させて承認しよう！

94

警戒されない褒め言葉

アパレルショップの店員さんから、お客様に「お似合いですね」と伝えても、リップサービスだと思われて信じてもらえないという相談を受けたことがあります。

人には、褒められたい、認められたいという承認欲求があります。だから、相手を承認する行為は、相手の心を開き、関係性を構築し、パワーを与える行為です。

しかし、販売する側とされる側という立場をとったとたん、褒め言葉は「売りつけられるのでは？」という警戒心を抱かせるものに変わります。

では、接客業やセールスをしている人はどうすればいいのでしょうか？

警戒されないように、自分目線ではなく**客観的な視点で褒める**ことです。

「お似合いですね。よくお友達からもジーパンが似合うって言われませんか？」

「よく、おしゃれって言われませんか？」

「人から、頼りになるって言われませんか？」

「周りから、笑顔が素敵って言われませんか？」

このように**相手の長所やこだわり、自信がありそうなところを服装や言動などから見抜**

いて、「(私だけでなく、周りの方からも)よく○○と言われませんか?」と客観的な視点で褒めることです。

適当に褒めると不信感が湧くので、よく観察し、相手が自信がありそうなところ、他人からそう見られたいと願っているところを見抜くことが大切です。

たとえば、いつも流行のものをチェックして、いち早く取り入れている人なら、「よく周りから、流行に敏感って言われませんか? これ、限定品ですよね?」

落ち着いていて、身のこなしが優雅な人なら、「いつも上品だと言われませんか? 所作が優雅なので」

など、なぜそう思ったかという根拠まで添えると、褒め言葉に真実味が出ます。

人の言動や行動、服装には必ず、その人の価値観やライフスタイルが反映されています。そこを理解して褒めることで、相手は「よくぞ、気づいてくれました!」とうれしく感じるのです。

「よく○○と言われませんか?」と褒めてみよう!

95

母音をリアクションに活かす

日本立腰協会代表の河上雄太さんは、「あいうえお」の母音と体の動かし方の関係について、次のような「母音理論」を提唱されています。

あ…上昇の音

朝起きるときに「あ〜」と背伸びをするように体が上に伸びやすい音。介護士が高齢者を抱き上げるときにお互いに「あ〜」と言うと持ち上げやすくなる。

い…横移動の音

野球の盗塁で「リーリー（母音は「い」）」と言うように、体が横に動きやすい音。

う…下降の音

痛みで苦しんでいるときは「う〜」とかがみ込むことが多いように、体が下に重く沈み込みやすい音。柔道の背負い投げで投げ飛ばされそうになったら、上から「う〜」と言うと体が重くなって、投げられにくくなる。

え…後退の音

驚いたときに「え〜」と後ろに下がるように、後退しやすい音。ボクシングでステップバックするときも心の中で「え」と言うと後ろに下がりやすくなる。

お…前進の音
　決起集会などで「オー！」と前に拳を突き上げるように、前進しやすくなる音。

この母音理論は、リアクションに共通します。

リアクションが薄いと会話は盛り上がりません。しかし、無理にオーバーリアクションをすると、不自然になります。

そこで母音を活かして体を動かせば、自然なリアクションが生まれるのです。


あ…感心を表す「あ〜、素敵！」と上に伸びつつ目も縦に見開く。

い…賞賛を表す「いいですね！」と言えば口角が横に伸び、自然な笑顔がつくれる。

う…熟考を示す「う〜ん。そうだな〜」と俯きがちに考えこむことで真剣さが伝わる。

え…驚きを表す「え！　そうなんですか？」と後ろに引きつつ驚くことで衝撃が伝わる。

お…意欲を表す「おお、そう来たか！」前のめりに意欲を伝える。


これらの母音を利用した自然なリアクションで、会話を盛り上げましょう。

母音で反応する！

96 語尾が印象を左右する

「話が聞きづらいな……」「内容が頭に入ってこない」と感じるのは、語尾の癖のせいかもしれません。

人には、「ピーク・エンドの法則」といって、自分の体験で最も感情が高まったとき（ピーク）と、一連の出来事が終わったとき（エンド）の印象だけで、全体的な印象を決定する傾向があります。

映画でも、印象に残るのは感情が高まった名場面（ピーク）とその話の結末（エンド）ではありませんか？

だから、話すときは語尾にも意識を向けることが大切です。

①語尾伸ばし「〇〇なんですよ〜」

多いのは、「語尾伸ばし」です。学生言葉とも呼ばれ、子どもっぽい印象を与えます。**語尾を短くすることで、落ち着いた印象に変わります。**うっかり伸びてしまったら、最後まで高めの声で伸ばさず、低めの声で短く切りましょう。

②語尾上げ「〇〇じゃないですか？」

人は自信を持って発言するときは語尾が下がります。だから語尾が上がると自信がない印象を相手に与えます。

③語尾強調「○○で、○○に」

本来の話の名詞部分を伝えたいのに、助詞を強調するので変なリズムになり伝えたい内容がかき消されて、押しつけがましい印象になります。**助詞は名詞より優しく発音する**のがポイントです。

④語尾が小さい「○○だと思うのですが……」

語尾がだんだん消え入るような話し方では自信がなく聞こえるので、はっきり伝えましょう。やんわりとお断りをするときは「できません」ではなく語尾をぼかして「お引き受けするのが難しい状況で……」と話したほうが申し訳なさが伝わり、相手に嫌な印象を与えません。

このように、感じのいい人は語尾をコントロールして、会話をハッピーエンドで終わらせているのです。

語尾で会話をハッピーエンドにしよう!

97 背景も語り出す

会話が上手な人は、「モノが語り出す」ということを知っています。

たとえば、ＳＮＳに自分の写真をアップするとき、本棚の前で撮影すれば、読書家、ロードバイクの前ならアクティブなイメージが伝わります。

私たちが語る前に、モノが語っているのです。

オンラインでの打ち合わせで、背景に干しっぱなしの洗濯物があるなど、生活感が伝わると緊張感がないと思われます。

コンサルタントの友人は、クライアントとの打ち合わせの場所は必ずホテルのカフェで行います。ガヤガヤした喫茶店では落ち着かずコンサルの内容も安っぽく見えるからです。

心理学では、外側が内側に影響し、内側のものは外側に現れると考えます。

たとえば、気持ちが荒れると服装や部屋、言葉遣いまでも荒れます。そうした外見の乱れをうつ病などの前兆として注意を払うこともあります。

部屋を片付けると思考が整理され、すっきりした気分になった経験は誰もがあるのではないでしょうか？　このように、いつも外側と内側は影響し合っているのです。

菩薩様の体が光っているように、自分を助けてくれるありがたい人のことを「後光が差して見える」と表現します。実は、会議やプレゼンの席についても「窓を背負え」といわれることがあります。窓の前に座ることで、後ろから差し込む光で説得力が増す後光効果を利用するためです。

映画界の巨匠、黒澤明監督は映画『赤ひげ』で、カメラに映らない診療所の薬棚に薬が入っていないことに、「リアリティーに欠ける」と激怒しました。診療所の映画なのに薬が入っていない薬箱の前で役者が演技し、その雰囲気が観客に伝わるのを嫌ったのです。世界の巨匠は目に見えるところだけでなく、見えない部分の小道具にまでこだわったからこそ、映画の世界観がダイレクトに伝わり、多くの人に愛される映画を作ることができたのです。

あなたが何かを伝えたいなら、場所選びが肝心です。背景に映るモノとあなたの価値が重なって相手に伝わるからです。

背景選びは印象選び！

98 声で性格を変える

「何やってるの！」と感情的に怒ってしまい、自己嫌悪に陥ることはありませんか？

それは、声を意識すれば改善します。『その声を変えなければ結果は出ない』の著者で、発声トレーニングを教え、ライブ活動も行っている船津明生氏は「声で性格は変わる」と言います。

船津氏は、「声は環境に影響される。ガミガミと怒る親の元で育った子どもは、その怒りが自分の背後を通り過ぎるのを待つように猫背になり、その姿勢ゆえに声が小さく自信のない発声になる。声が老化するのも、周りが「そうだわな〜」と年寄りくさく話すのを聞くと自分も知らず知らずのうちに似てしまうからだ」といいます。

アメリカの起業家で、31歳で億万長者となったジム・ローン氏は、「**あなたは、最も一緒に過ごす時間の長い5人の友人の平均になる**」と言いました。

この5人の法則と呼ばれる彼の言葉は、いつも一緒に過ごす相手から、話し方や考え方、年収まで無意識に影響を受けることを示しています。あなたも親しい人と喋り方から年収まで似ていませんか？

乱暴な言葉を使うと自分や周りの人も乱暴者になります。感情的にならないためには、一拍置いて「どうして、そう思ったの?」と穏やかに話すと、だんだん気持ちも優しくなっていきます。

穏やかな人たちの仲間になるのも有効です。輪に入るには、話し方を穏やかにして、調和することが必要です。

知人のマナー講師は、美しく話すためにＮＨＫのアナウンサーの話し方を真似ていました。彼女は話し方だけでなく、立ち居振る舞いすべてがマナー講師らしく、その姿が講座に参加する人に説得力を与えています。

ＮＬＰ心理学では、モデル（＝すでに目標を達成している人）の仕草、考え方や行動を真似て取り入れ、成果を出すことをモデリング（観察学習）と呼びます。あなたが憧れる人物や話し方があるなら、その人と会う機会を増やしたり、YouTube等で話し方に触れましょう。目に見えず、触れない性格を変えるのは難しくても、声という身体の楽器は聞くことができ、変化させられます。声はモデリングで変えることができるのです。

一拍置いて、優しく話そう!

99 会話の筋トレをする

「あんなこと言わなければよかった」「なんでちゃんと言えなかったんだろう」と後悔したことはありませんか？

こんな「言い過ぎ」や「言いそびれ」をなくし、立場や価値観が違う相手でも、攻撃的でも受身的でもなく、互いを尊重しながら率直に話すコミュニケーション方法のことを「アサーション」といいます。

アサーションは、アメリカの心理学者ジョセフ・ウォルピによって開発され、①アグレッシブ（攻撃型）②ノン・アサーティブ（非主張型）③アサーティブ（お互いを尊重する自己表現型）の3つに分類されます。

①のアグレッシブ（攻撃型）は、『ドラえもん』の昔のジャイアンのように、相手の都合を考えず自分の意見を押しつけ、通らないと不機嫌になるタイプです。

「他人がミスをしたら、頭にくるのは当然だ」という価値観で苛立ちを攻撃的に表現します。**「批判する」「責める」「脅す」ことで相手を支配しようとすることを心理学では外的コントロールといいます。これは人間関係を崩壊させる話し方です。**

②ノン・アサーティブ（非主張型）は、のび太くんのように本心は嫌でも「いいよ」と主張を押し殺し、相手に合わせてしまう消極的で依存的なタイプです。自分より相手のほうが価値があると信じ、長電話や押し売りを断れません。我慢に我慢を重ねた結果、爆発して相手と縁を切るなど極端な行動に出ることも。

③アサーティブ（お互いを尊重する自己表現型）は、しずかちゃんのように「誘ってくれてありがとう。今日は塾で遊びに行けないの。また誘ってね」と相手も尊重しながら、自己主張も率直にできるタイプです。

人は、家族関係の中で自然にコミュニケーションを学びます。それが口喧嘩が絶えなかったり、意見を頭ごなしに否定される関係の場合、その間違った方法で他人に接し、行き詰まってしまうのです。

コミュニケーションは筋肉と同じです。学んで鍛えれば誰でも上達します。だから、アサーションで会話することを鍛えれば、相手も自分も大切にした温かいコミュニケーションが取れるようになります。会話はいつからでも、学び直すことができるのです。

100

世界で一番美しい響きで話す

どうすればあなたの話す声が、世界で一番美しい響きになるのでしょうか？

声には必ず感情が乗っています。思ってもいないことを口先だけで言っても、相手の無意識には「この人は嘘をついている」とすぐに伝わります。

無意識はガラス張りなのです。

だからまず、心を込めたひと言を伝えることです。

「思ったことを言っただけ」と相手を傷つける人は、心からではなく、エゴの言葉で話しています。

心からの言葉は、愛が基点です。嫌味や相手を辱めるような言葉は、恐れの心＝エゴから出た言葉です。いつも自分は愛と恐れのどちらから言葉を発しているのかを考えましょう。

あなたが**愛から発する言葉は、美しい声＝メロディーとして相手に届きます。悪意が乗った言葉は雑音になります。**

落ち込んでいる相手が小さな声でボソボソ話したら、その気持ちにペーシング（＝同調行動）してこちらも静かに話すと、相手は気持ちを吐き出しやすくなります。

私は、深刻な話をニコニコしながら「うん、うん」と聞かれて、がっかりしたことがあります。相手は「人の話は笑顔で聞きましょう」という基本に徹しただけですが、臨機応変でなく、ディスペーシング（反同調行動）になっています。

お釈迦様は地獄に落ちるのを恐れてビクビク生きる人が「地獄はありますか？」と聞けば、「地獄などありません」と説きました。

一方、あの世などない、とやりたい放題に生きている人が「あの世などなかろう？」と聞けば「あの世は確かにある」と答えました。人に合わせて説法を変えたのです。だから、お釈迦様は自分の教えを文字に残しませんでした。

仏教では「不立文字《ふりつもんじ》」といって真理は文字や言葉など形あるものにして囚われてはいけない。体験によって心で伝えるのが真髄だとされているからです。

相手の気持ちに合わせて臨機応変に言葉を選び、愛をもって伝えるとき、あなたの声が世界一美しい声になるのです。

臨機応変に愛をもって伝えよう！

おわりに

最後までお付き合いいただき、ありがとうございます。

人は想いを言葉にして表現します。

自然界では、花が咲き、周りに甘い香りを漂わすことや、雲が雨を降らせることが表現です。

もし、花が蕾のまま香りを閉じ込めてしまったら、雲が雨を含んだまま降らせることができずにいたら、それはとても苦しい状態ではないでしょうか？

香りも雨も、多くの動物や人と分かち合うからこそ、自然は豊かなのです。

人も、想いを伝えることも、優しさを分かち合うこともできなければ、それはとても苦しく、貧しい行為にほかなりません。

花の周りには蝶が集まります。

糞の周りにはハエが集まってきます。

同様にあなたの周りの人間関係は、あなたが何を放つのかによって変わります。

いつも人の悪口、愚痴、文句を言っていると、あなたの周りにはそれに同調する人が集まってきます。

愛のある優しい言葉で話すなら、あなたの周りは優しくて思いやりのある人ばかりになることでしょう。


だから、あなたが話す言葉はいつも愛にあふれている必要があります。

そのためには、自分を愛し、愛で満たされたハートから、相手を思いやる慈悲深い言葉を自然と口にできることが大切です。

自分を愛することも、他人を愛することも同じことだからです。


あなたの口から出る言葉が、あなたの未来を左右します。

だとしたら、あなたは今日から、どんな想いを、どんな言葉で表現しますか？

藤本 梨恵子

著者からのお知らせ

本書をお読みいただきありがとうございました。
心理学や人とのコミュニケーションについて興味を持っていただけたら幸いです。

私のHPやSNSでは、夢や恋の叶え方、素敵な人間関係の作り方などをテーマに、心理学の活用方法をお伝えしています。
あなたの好きな方法で気軽につながってください。

小さな気づき、ちょっとしたコツ、自分自身や周囲の人の心を知ることで、あなたの人生がもっと輝くことでしょう。

藤本梨恵子オフィシャルサイト
https://fujimotorieko.com/

☆オフィシャルサイト☆

著者
藤本梨恵子（ふじもと・りえこ）

ファイン・メンタルカラー研究所代表
米国 NLP 協会認定 NLP マスタープラクティショナー
国家資格 キャリアコンサルタント
産業カウンセラー
パーソナルカラーアナリスト
カラーセラピスト

愛知県生まれ。10 年以上デザイナーを経験。当時月 130 時間を超える残業のストレスで前歯が折れる。この時期に友人の死も重なり、「幸せな生き方とはなにか？」を考え、本格的にキャリアカウンセリングや心理学を学ぶ。

NLP 心理学を中心にコーチング、カウンセリング、マインドフル瞑想などの手法を習得し統合。その手法を生かし、キャリアカウンセラー・講師として独立。各企業・大学・公共機関での講演の登壇数は 2000 回を超え、婚活から就活まで、相談者数は 1 万人を超えている。

コーチング、パーソナルカラー、カラーセラピスト、骨格診断ファッションアナリスト等のプロ養成講座の卒業生は 500 人を超え、個人診断においては 1000 人を超える。

【著書】『なぜか好かれる人がやっている 100 の習慣』『なぜかうまくいく人の気遣い 100 の習慣』『なぜか感じがいい人の聞き方 100 の習慣』（明日香出版社）『いつもよりラクに生きられる 50 の習慣』（かんき出版）

なぜか惹かれる人の話し方　100の習慣

2024年4月17日 初版発行

著者　藤本梨恵子
発行者　石野栄一
発行　明日香出版社
〒112-0005 東京都文京区水道2-11-5
電話 03-5395-7650
https://www.asuka-g.co.jp
カバーデザイン　小口翔平＋青山風音（tobufune）
カバーイラスト　芦野公平
本文組版　株式会社RUHIA
校正　株式会社鷗来堂
印刷・製本　中央精版印刷株式会社

ISBN 978-4-7569-2325-7

ISBN978-4-7569-2105-5

なぜか好かれる人がやっている
100の習慣

藤本 梨恵子 著

B6判　240ページ
本体 1500円＋税

多くの人から好かれる人がいます。でも彼ら、彼女らは、意識的に好かれようとしているわけではありません。毎日の振る舞いやちょっとした仕草が皆をひきつけるのです。マインドフルネス、NLP、コーチング、カウンセリング、カラーセラピーなどを学んだ著者だからこそ書ける「人間関係の教科書」です。

ISBN978-4-7569-2180-2

なぜかうまくいく人の気遣い 100の習慣

藤本 梨恵子 著

B6判　240ページ

本体 1500円＋税

相手に合った気遣いができれば、信頼を得ることができます。

その信頼は、やがて仕事や恋愛に波及していきます。気遣いには、人生を一変させる力があるのです。無理をして、自分を殺して相手に合わせる気遣いではなく、自然な気遣いができるようになる100の習慣を解説します。

ISBN978-4-7569-2253-3

なぜか感じがいい人の聞き方
100の習慣

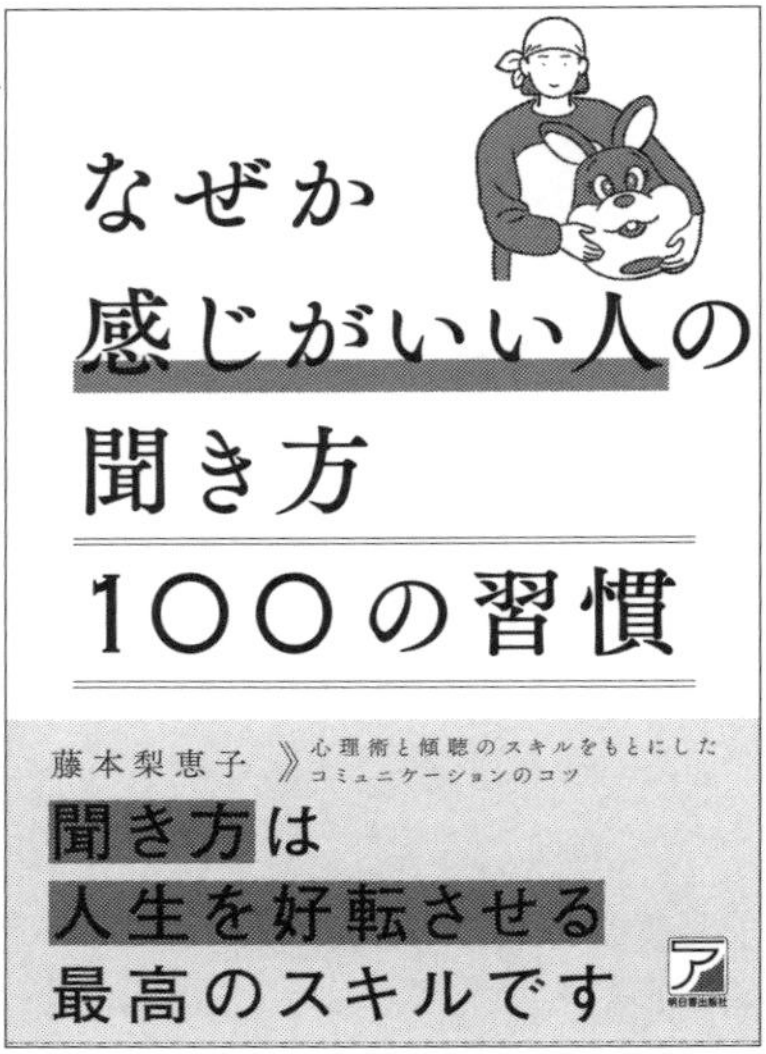

藤本 梨恵子 著

B6判　240ページ
本体1600円+税

「好かれる人の習慣」シリーズ第３弾。

相手の良さや本音を引き出すことで、人間関係がうまくいく「聞き方」を100の習慣で解説します。コミュニケーションに悩んだらぜひ読んでいただきたい一冊です。